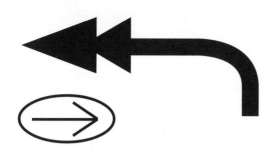

Wild Problems:

你可以不必理性，做出人生最好決定

一個經濟學家對人生難題的非經濟思考

A Guide to the Decisions That Define Us

Russ Roberts 路斯・羅伯茲

余韋達 譯

獻給

雪倫（Sharon）

味覺、嗅覺、冷與熱的感受、美感、愉悅，心靈的所有感情與愛好、智慧、愚蠢，以及大多數的可能性，還有族繁不及備載其他太過乏味的事物，上述這些事在某個程度上，不僅未淪落到可被計算的地步，據我了解，也永遠不可能被計算……只要我們的感情與愛好本身尚不至於可以量化，且不至於能用各種明確數值表示，那麼嘗試藉此量測美德與優點的方法即是徒勞。這不過是變換用字遣詞，並展現數學推理能力，但無法真正在知識領域中往前邁出半步。

——湯馬斯．瑞德（Thomas Reid）〈論數量〉（An Essay on Quantity），一七四八年

大部分人類所追尋的重要行動、人際關係和不同形式的知識，都是在他們徹底了解之後，才能真正去欣賞並整合進他們的價值體系中。

——《論抱負》（*Aspiration*）安格妮絲．卡拉德（Agnes Callard）

讓生命充滿可能的唯一原因，是恆久、難以忍受的不確定性：不知道接下來會發生什麼事。

——《黑暗的左手》（*The Left Hand of Darkness*）
娥蘇拉・勒瑰恩（Ursula K. Le Guin）

人類並非在母親生下他的那一刻就是完成品，生命會一再迫使他們重生。

——《愛在瘟疫蔓延時》（*Love in the Time of Cholera*）
加布列・賈西亞・馬奎斯（Gabriel García Márquez）

對確定性的需求，是人類心智所要面對的最大疾病。

——《喚醒你心中的大師》（*Mastery*）羅伯・葛林（Robert Greene）

目次

第1章　無正解難題

幾年前，有位朋友與我在外頭散步時告訴我，他跟太太當時在猶豫要不要生小孩。他說他們已整理出關於生小孩的一份成本效益表，但即便整理出來，還是不知道這麼做是否明智。因此朋友來向我討建言。

我跟他說，要不要生養小孩不應取決於「值得與否」。除此之外，我沒什麼能告訴他的。當時的我沒想到問一問他，他們夫妻倆對於為人父母有沒有任何概念。在生小孩之前，你所想得到的成本——工作與玩樂時間變少；度假的選項有限；尿布、衣服、食物、教育等開銷——會遠超過你想得到的利益。

這樣看來，生小孩似乎是不理性的行為。然而，連同我在內的很多家長會跟你說，孩子對於父母親看待自己的眼光、體驗人生的方式，都相當重要。很多父母會說，生小孩為他們的生命帶來意義。我們要如何理解像這樣的思想落差？

「是否要生小孩」就是我所謂的無正解難題（wild problem）：在某個人生的交岔路口，我們不清楚到底哪條路才正確；對於選擇這條路而不選另一條的結果，究竟是福是禍也毫無頭緒；但最終走上的路，卻會定義我們的現在與未來。無正解難題是我們一輩子裡，都不得不面臨的重大決定。

很多無正解難題會讓人緊張不已、傷心無比。想知道哪條路是最好的坦途，我們必須先抵達名為「未來」的遙遠之境——一個只有抵達後才能徹底認識的地方。這種情況往往帶來不安，而缺乏勇氣的我們便選擇拖延。

那麼，尤其在我們想理性做決定的時候，該怎麼辦才好？顯而易見的策略之一，就是參考以前曾碰過、而且也知道解決辦法的那些挑戰。

舉例來說，若是想避開車陣或研發對抗冠狀病毒的疫苗，我們會仰賴經過試驗的數據、演算法，以及能重複驗證的實驗。至於某些難題——我稱之為「有正解難

有正解難題	無正解難題
目標明確，可客觀評估	目標很主觀，且難以測量
怎麼從紐約到芝加哥	要不要去芝加哥
可被測試與驗證的成功手段	
能靠做法說明達成目標	沒有取得成功的指導手冊、地圖、食譜或演算法
做歐姆蛋	寫出《哈姆雷特》（*Hamlet*）
可被驗證的主張；結果可複製	通往成功的道路無法複製
科學	技藝
登陸月球	教養小孩
增加手機電池壽命	選擇職涯
祕書問題（詳見第七章）	決定跟誰結婚
如何在三步棋內將死對手	人生

題」（tame problem）——只要持續不懈運用科學、工程與理性思維，就能獲得穩定的進展。

但人生中各種重大的決定——也就是無正解難題——比如要不要結婚、跟誰結婚、要不要生小孩、要選擇哪條職涯、要分配多少時間來經營友誼與家庭、如何解決日常的道德兩難……這些重大決定就無法仰賴數據、科學或一般的理性途徑。

我曾在芝加哥大學（University of Chicago）攻讀經濟學。學校告訴我們，經濟學能用作理性的人生決策指南。我們學會權衡（trade-offs）的重要性，以及什麼是機會成本（opportunity cost）——選擇了A而放棄B所要付出的代價。我們被教導萬物皆有價，也就是為了擁有某物，就得放棄其他東西。沒有什麼東西的價值是無限的。但我開始相信，在面臨人生的重大決定時，這些原則反而讓人迷惘。

我在芝加哥大學讀研究所時，經濟學系所在大樓的某道牆上刻著克耳文勳爵（Lord Kelvin）的話：「當你無法測量時，你只有微薄且不足的知識。」這段話已銘刻在現代社會的人心中。最早是自然科學界，之後逐漸連社會科學甚至人文學科都接受以下觀念：測量（蒐集數據）與改進得到測量結果的過程，再使用這些測量數據變得更強、更有生產力、更健康，那就是邁向更好生活的道路。

但無正解難題是很難測量的。畢竟，對你有用的不一定對我有用；昨天對我有用的，明天就不一定有用。無正解難題不受控制、不能豢養、無拘無束、有生命力、複雜多元。相較於應用標準化理性技術穩定推動人類進步的有正解難題，無正解難題是一頭截然不同的野獸。

在大半的人類歷史中，權威與傳統——統治我們的國王與家長、我們的宗教背景與置身其中的文化——收服了我們所面對的無正解難題。王室已經凋零。宗教的束縛不斷鬆動。傳統？我們早就擺脫它，想像自己是塊空白石板，可以拿粉筆毫無限制在上頭繪出自己想要成為的模樣。

曾經的命運安排，現在卻能讓人自行決定。這看似美好，但也帶來了挑戰，且常常令人不安。有所選擇為人生創造了更好的機會。然而在這樣的自由之境，不存在做法說明、演算法或應用程式來告訴我們做什麼才對，這樣又要靠什麼來摸索方向呢？

解決無正解難題的方法之一，是嘗試測量你能測量的部分，並盡力量化難以測量的部分——似乎總比毫無頭緒來得好，而且蒐集資料的過程會讓人放鬆。你跟自己說，你已朝著正確的路線前進，這是在往正確的方向邁出一步。

但這也可能是錯誤的一步。一個不小心，你就會像路燈下找弄丟的鑰匙的人。

鑰匙是掉在這邊嗎？熱心幫忙尋找的路人問。不是，找鑰匙的人說，但這裡燈比較亮。把路燈照射範圍用手電筒照得更亮，看起來是理性的應對方式，但如果鑰匙掉在離燈光很遠的陰影處，那你不過是在騙自己就快找到鑰匙了。只專注在已知與可想像的部分，其實也就忽略了更加豐富多樣的可行選項。

當我在推特上發表類似觀點時，有位我的追蹤者將這種挑戰歸納成下列問句：「如果重要的事情難以測量，而可測量的事情容易誤導人，我們還剩哪種決策框架可用？」

本書就是我對這個問題的回答，也是對糾結於「是否為人父母」這道無正解難題的友人的回覆——倘若那天我們的散步時光夠長，我會給這樣的答案。

我無法告訴你是否要結婚、生小孩或讀法學院。我要做的，是協助你思考如何面對這些難題，而且是在不罔顧風險的前提下。我參考了一些人的見地，包括幾名哲學家和經濟學家、一位美式足球教練、幾位詩人、或許堪稱史上最偉大的科學家，以及我在大蒂頓國家公園（Grand Teton National Park）住房遇上的房務人員；藉由他們的洞見，我整理出一套如何面對不確定的哲學，畢竟這是生而為人無法逃避的命運。

我不花時間試著去做正確決定，反倒要告訴你：我們常以為有所謂正確的決定，可是那往往並不存在。我會給你行走於人世的建議，但走哪一條路還是由你決定。最終我們會得出一套指引方針，不僅關乎如何面對抉擇，也關係到該怎麼打造美好人生。在過程中，或許你能稍減忐忑、更加沉著。

首先，來看看躋身史上最偉大科學家之列的人，他是如何處理自己的無正解難題。

第2章 達爾文的兩難

一八三八年，查爾斯・達爾文（Charles Darwin）碰上了一道無正解難題。在他三十歲生日前夕，達爾文正在決定要不要結婚——生不生小孩可能也在考量中。針對這個決定，達爾文整理了一份優劣分析表。我們真的能在他的日記手稿中看到那張表。

在兩頁紙的跨頁最上方，他寫下：「這是個難題（This is the Question）。」或許是想引用哈姆雷特的重大難題——同時也是卡謬（Camus）認為哲學最根本的提問：「要做，還是不做（to be or not to be）。」對達爾文來說，這個難題就是要結婚，還是不結婚。

結婚	不結婚
生小孩——（如果神的旨意如此）	膝下無子，（下半輩子）沒有人照顧自己的晚年
擁有一個對自己有興趣的長期同伴（與晚年的朋友）	如果不能得到親近友人的認同，那工作有何意義呢？但除了親戚以外，誰會是老人的親近友人？
有個能鍾愛、玩樂的對象——總之，比狗好吧	想去哪裡就去哪裡：可以選擇社交圈和減少社交活動。與俱樂部的聰明男性對話
有個家、有人打理房子	不用被迫拜訪親戚，不用為每件小事情低頭
享受音樂、與女性談天的樂趣——這對人的健康有益	要承擔有小孩的開銷與焦慮——或許也會因此爭吵。時間遭剝奪——無法在晚上讀書——變胖、變懶惰——焦慮與責任——購書預算下降等等——如果不得不養活眾多兒女的話
不得不拜訪與接待親戚，但這很浪費時間	（但若太努力工作，對人的健康有害）
	或許太太不喜歡倫敦；那我就會陷入遭放逐與墮落的命運，成為懶散又無生產力的蠢蛋

左欄是他試想結婚後的生活。右欄則是他試想不結婚的生活。

達爾文試著去想像婚後日常生活的優缺點，和他在未來遇到這些優缺點會有什麼感受。我那糾結於生不生小孩的友人伉儷也做了同樣的事。這看起來就是理性思考的本質：盡你所能去預測從不同決定中，自己能獲致多少幸福，之後選出最能帶來幸福的決定。當然，你不可能知道接下來的發展，而那也必然取決於最終結婚的對象。但你就用現有的資訊盡力預測。

不管是無正解難題或有正解難題，碰上這種狀況，整理一張優劣表似乎是個不錯的想法。這並非達爾文的發明，可能早在伊甸園的夏娃碰上要不要吃果子的無正解難題時，就已經存在了。（缺點：會惹怒首席園丁、無知才是福、獲得知識可能會有意料之外的壞處；優點：蛇看起來很親切、禁忌果實最甜美，諸如此類。）但正如我們所見，達爾文列的成本效益表很可能讓他陷入嚴重的迷途危機。現在來看看他那張表。

從「很浪費時間」可以看出，達爾文非常擔心婚姻會讓他的科學工作減產。在他的自傳中，達爾文提到「培根方法」（Baconian method），即從法蘭西斯．培根（Francis Bacon）的文字所提煉出的科學方法。雖然現代人很少讀培根的作品，但他曾是詹姆斯一世（King James I）在位時的大法官，也可說是當時最優秀的人才；他在兩個多世紀後、達爾文身處的英國仍非常有名。我懷疑達爾文是否受到培根〈論婚姻與單身生活〉（"Of Marriage and Single Life"）的影響，因為在文中培根主張，只有未婚人士能夠功成名就。

> 擁有妻兒的男子只能聽天由命；因為無論是好是壞，他們都會為偉大事業造成阻礙。毫無疑問，對社會最有助益的成就及功勞，都是出自未婚或無兒女的男子；因為就情感與實務面而言，他們都已經對社會以身相許。

「聽天由命。」培根對此必定感觸良深。一旦結婚生子，你就失去大半對命運的掌控。隨機、無法避免的事件——也就是培根所謂的「命運」——挾持你，還攻擊你的摯愛。另外，家庭中除了你之外的成員，對你如何分配時間、金錢的方式也有所期待。你可能會發現，自己得為了鄉下生活放棄心愛的城市，而且這只是第一步。

順帶一提，在婚姻生活這個主題上，培根可能不是最可靠的作者。他一直到四十五歲才結婚，在愛麗絲・邦納恩（Alice Barnham）十四歲生日前後娶她為妻。他第一次留意到邦納恩時，形容她為「合我心意的美貌少女」，當時她才十一歲。他們膝下無子。在他過世的幾個月前，培根出於「偉大與正義的原因」，將愛麗絲排除在遺囑之外。在培根死後十一天，愛麗絲就與莊園的管家結婚。就算你不是福爾摩斯，也能拼湊出真相。培根的個人經驗可能也影響了他的婚姻觀。

不過，對於婚姻生活（尤其是有小孩的婚姻生活）會拖累科學研究的顧慮，達爾文並非杞人憂天。他很清楚有孩子的婚姻會降低一個人的自主性。他看起來對生小孩不感興趣，只視之為某種形式的退休保險，以及結婚無法避免的附帶傷害——在日記中，他形容這是「開銷與焦慮」的來源。

在達爾文面臨婚姻兩難的數十年前，班傑明・富蘭克林（Benjamin Franklin）

（我們時常忘了他也是名傑出的科學家）提出了一種技巧，能讓達爾文所列的表更為實用。

一七七二年，約瑟夫．普利司特力（Joseph Priestley）（他在後來的人生即將發現「氧」）正在考慮轉換職涯。雖然他可能享有更高的生活水準，但一旦選擇轉換，就不得不涉入一名富有贊助者及其朋友、社交圈；那是普利司特力與太太都很陌生的。因此，下場也可能很糟。他向朋友班傑明．富蘭克林尋求意見。富蘭克林給普利司特力的回覆寫道，雖然無法告訴他什麼是正確選擇，但他可以提供一種做決定的方法，把無正解難題變得更有可能解開。

富蘭克林叫普利司特力拿張紙，並在中間畫一條線分為兩欄，一邊列出好處，一邊列出壞處。富蘭克林寫道，這套技術的優點在於，當我們面臨無正解難題時，心思有時會一下子聚焦在某些效益，沒多久又注意到另外一些效益。若花個幾天統整出所有好處與壞處，就可以在同一時間檢視所有效益。

到目前為止，這麼做跟達爾文沒什麼兩樣，但富蘭克林還多了一個步驟。他鼓勵普利司特力檢視這些優缺點，並「盡力估算分別有多少重要性。」當看到某個優點跟某個缺點程度相當，或者三個優點加總跟兩個缺點總和大略相同時，這些就可以相互抵銷，可以從紙上畫掉。這麼一來，普利司特力就得以找出「結餘值為何」，以此「做出最終決定」。

富蘭克林承認這個做法的主觀成分居多。他寫道，「雖然理性的判斷無法由代數來精準計量」，但這種策略讓「草率行事」的機率降低了。富蘭克林將此思考框架命名為「道德或謹慎代數」（Moral or Prudential Algebra），而這也是在決策中講求數學計算與精確性的早期嘗試。

在富蘭克林之後大約兩百年，諾貝爾獎得主暨心理學家丹尼爾．康納曼（Daniel Kahneman）針對如何從來應徵的面試人選中錄取最佳人才，也提出類似的建議。只要一不小心，你就可能被某位面試者的個人特色給迷惑，或者被第一印象給誤導。又或者，你對某些特質的直覺反應，會讓你高估某位面試者。最好事先決定適任某職位應具備的六項最重要特質，並根據面試過程、與推薦人洽談、書面備

特質	面試者A	面試者B
技術能力	5	3
可靠程度	5	2
社交能力	2	3
口語能力	1	5
寫作能力	3	1
職業道德	5	3
總　計	21	17

審資料，以及手邊能取得的任何資訊，針對面試者這六項特質予以評分。每一項得分落在一至五分，將數字加總後，總分最高者就是應錄取的人選。

以下是運用前述方式對兩位面試者A愛麗絲與B鮑伯的評分結果：

鮑伯剛好在面試中表現比較好：他有更佳的表達能力與社交技巧，但愛麗絲的強項可能無法透過面試展現。把你在乎的所有特質列出來，你就能更客觀衡量出誰是較優質的面試者。如果你覺得六項特質的重要程度有別，可以再利用加權計算出額外的分數。

這種評量系統把複雜的人類歸結成一個

數字。若以數學術語說明的話，這套系統是將一個矩陣（一系列的數字或一份表格）轉換成較單純的單一數字。

你在考慮買房子的時候，會注意地段、臥房數量和廚房大小等。每間房子不會是規則形狀，格局也不同，所以我們通常仰賴單一數值——平方英尺——釐清哪間房子比較大。我個人可能特別在乎廚房的面積，因為我很喜歡（或一點都不在乎）下廚，但平方英尺的數值顯然勝過一份列出個別房間與每個房間面積的清單。將個體的複雜性歸結成單一數字以利比較，這種能力非常強大。

在數學裡，用來描述面積等物理概念的詞是「純量」（scalar），其字源是拉丁文的階梯 *scala*，指的是幫助你攀爬的物品。這個拉丁字也有英文中 scale 的意思：可能是名詞，指的是有助於丈量的物品；或也可當成動詞，意即到達頂點、攀登。

純量能把不同事物放在同一量尺之上，以利相互比較，繼而將複雜的事物簡化。身為人類的我們，非常懂得哪個重、哪個多、哪個高、哪個矮、哪個大、哪個小。我們很擅長比較數字並判斷哪個比較大、比較小，或兩者相同：1000比10大；

17.3比17.1大。這種比較太容易了，幾乎用不著動腦。

富蘭克林給普利司特力的建議本質上屬於同一套概念。要將重要程度大略相同的優缺點相抵，就是在暗示有某種量尺，能大致測量這些優缺點，並相互做比較。

矩陣很混亂，從中得知的訊息晦澀不明。純量則清晰又精準。這種精確性讓純量顯得誘人。但純量有用與準確與否，取決於將一組複雜的資訊轉換成單一數字之前，需要經過多少次簡化。

從表面看來，康納曼的招聘建議——逼迫人打分數——讓決策變得更精準、確切且科學化。康納曼在《快思慢想》（*Thinking, Fast and Slow*）中也寫道：「遇到能讓公式來為人類判斷力代勞的場合，我們至少應將其列入考慮。」

若我們稍不留意，忘記句子後半部分，就會誤以為自己無論何時都能隨意使用數學方程式取代人類判斷力。我們總是在尋找公式——一道能除去不確定性的算式。公式很單純，這是它的特色，但也是毛病。人生並不簡單。

為面試者的相關特質評分，能把雜亂的面試中的主觀資訊，轉化成看似客觀的數字。把主觀或幽微的質化資訊給量化，比方說轉換成單一數字這類精確的結果——一般人很難抗拒這種衝動的誘惑。這麼做可能是把無正解難題變得較容易解開的機會。做決定的時候，純量——好比為愛麗絲與鮑伯設計的指標評分數字——會催生出「有辦法做到可靠的比較」的想像，於是也就帶來激勵作用，讓人自以為可洞察機先，從眾多選項中選出最好的那一個。

但在面臨無正解難題時，訴諸一張列出不同決定及其預期幸福值的成本效益表，背後的邏輯其實是場幻覺。為什麼？我們這就來看看。

第3章 一無所知

達爾文在決定要不要結婚時，心裡想知道的其實是：他的人生在決定結婚或決定單身之後會有什麼不同。碰上人生的分岔路口時，整理一份優劣表，能讓人試著想像不同決定會帶來怎樣的情況。這看似理性，而且也算是在最大化經濟學所謂的預期效用（expected utility）——你預期未來的幸福程度。

我們把達爾文的列表整理得更易讀點。因為達爾文在「結婚」與「不結婚」的欄位裡，已經把優缺點混在一起。若把那張表重新統整為「決定結婚」的優缺點，或許會更好評估個別決定的效益。

經過重新統整後，明顯看得出達爾文的列表中，他認為結婚的缺點多於優點，

結婚的優點	結婚的缺點
有人陪伴 有人能一起玩樂，比養狗好 享受音樂的薰陶 能與女性談天 年老有兒女照顧 身體或許會更健康—若太太會阻止人過度投入工作的話 有人打理家裡	可能得離開倫敦 失去自主性 不能與俱樂部的男性進行機智的對話 浪費時間取悅太太的親戚 浪費時間拜訪太太的親戚 養育兒女的開銷 養育兒女的焦慮 承擔家庭責任普遍會有的焦慮 晚上無法讀書 可能得找份養家糊口的正職

而大部分的缺點是關於時間變少。雖然達爾文並沒有寫得很明白，但這顯然是他心中最大的缺點。達爾文與內心的法蘭西斯・培根交談，因此擔心如果選擇結婚，能投入科學研究的時間就會變少。他得聽天由命。他會變得更沒生產力，可能就無法成為偉大的科學家。那麼，怎麼做才好？

我想像某天達爾文邀我去他大馬爾伯樂街（Great Marlborough Street）的家裡喝點東西聊個天。我感到受寵若驚。我們沒有很熟。我們都出入同一個俱樂部，但我只在俱樂部裡遠遠見過他。為什麼他要邀請我去他家？我們坐在他家壁爐邊展開男人間的閒聊，試圖打破尷尬。他問我這週過的如何。還不錯，我答道。他想知道我最近在忙什麼。我跟他說我在寫一本有關決策的書。真巧，他回道——他也從我們俱樂部的朋友那裡聽到這個消息。他坦承自己正碰上困難的抉擇。

我微笑並放鬆下來，因為明白了受邀來此的原因。我從自己坐的高背扶手椅旁的小桌上，拿起他準備的玻璃杯，啜飲一口拉弗格（Laphroaig）威士忌。我不發一語，想讓他先開口。神色有些不安的他遞給我一張紙。在最上方，我看到「這是個難題」的標題。我花了點時間，試圖讀懂達爾文潦草的筆跡，並克制想說些什麼的衝動。我盯著火光，努力思索要給什麼回應。

我該跟他說富蘭克林寫信和普利斯特力分享的「道德代數」嗎？富蘭克林跟達爾文的祖父伊拉斯謨（Erasmus）是好朋友，達爾文的父親曾到巴黎拜訪富蘭克林，或許富蘭克林的方法和他們的家族淵源能吸引他。但我擔心富蘭克林的話會誤導達爾文，所以決定閉口不提。

終於，達爾文先打破沉默。他想知道我是怎麼想的。我的視線從火光中往上移。我感覺到他的不安，但我只是個經濟學家，要跟這位科學巨人面對面交談，讓我有些遲疑。這位仁兄在他搭乘小獵犬號（HMS Beagle）的航程中，寫下足足七百七十頁的日記、一千七百五十頁的筆記，還替五千四百三十六種動物毛皮、骨頭與遺骸編目。他曾花八年時間研究藤壺，更投入長達三十九年的工夫研究蚯蚓，並完成他人生最後的科學研究《觀察蠕蟲行動和習性來理解蔬菜土壤結構之報告》（*The Formation of Vegetable Mould through the Action of Worms, with Observations on their Habits*）。雖然可能不大好讀，但我料想這本書對蚯蚓及其習性做了很透徹的實徵研究。

該怎麼開口跟查爾斯·達爾文說他蒐集的資料還不夠？

就跟你我一樣，達爾文對於未來也一無所知。更糟的是，他跟面對無正解難題的你我相同，也不知道自己無知程度有多深。

在勞麗·安·保羅（L.A. Paul）的《變革經驗》（*Transformative Experience*）中，她以「成為吸血鬼」當成本書主軸——人生重大抉擇——的隱喻。在成為吸血鬼之前，你無法想像那會是怎樣的生活。目前你的人生從未歷經比如以飲血為生，以及在太陽高照時睡在棺材裡的經驗。聽起來很恐怖？但你遇到大多數，或可能全部的吸血鬼，統統表示他們很享受其中。對吸血鬼的調查顯示出他們有高度幸福感。

但身為有血有肉的人類，而且得在真實世界這般生活的你（真正的你，不是哪個路人甲平平泛泛的生活），真的覺得這樣幸福嗎？啊，這又是另一個問題了。你沒有任何資料可參考。唯一獲得參考資訊的方式，就是放手一搏（在這裡可能要改成放手被咬，之類的），進入吸血鬼的世界。但一旦這麼做之後，才發現自己不喜歡全液態、高血紅素飲食的話，也無法回頭了。

這個決定中最詭異的一部分，就是保羅點出的：一旦變成吸血鬼，你的好惡也就有所改變。身為人類，你對自戀很反感，而那卻讓吸血鬼耳目一新，而且還對過去非吸血鬼時期謙虛的自己感到不屑。做決定時，你該考量最大的益處，不過益處又是對哪個「自己」而言？現在的你，或未來的你？

這聽起來很蠢，但其實跟我們所面對多數的無正解難題無異：要不要結婚、生不生小孩、加入一個宗教或離開你從小到大信的教。許多決定都免不了破釜沉舟和邁入全新的人生境界，並且會以你不曾想過的方式影響人生——不光是你在乎的事物將有所不同，哪些東西能帶來喜悅或悲哀、甜美或痛苦、陽光或陰霾，也都會改變。攝影家潔西卡．陶德．哈潑（Jessica Todd Harper）在她的《家庭階段》（*The Home Stage*）這本有見地的家庭攝影集中，將成為父母描述為：「我進入一個不同且異樣的世界：一個以孩子為前提的世界。我也好奇，在有兒女之前，自己那一堆心思到底都用去哪裡了。」

從達爾文那份優劣表可以得到的訊息，更多是關於達爾文這個人，跟婚姻的相關性反而較低。他的優劣表——尤其優點部分——只有沒結過婚、無法理解已婚男子內在生活光明面的人才寫得出來。他的無知某部分使他對婚姻抱持強烈負面印象（遭到放逐！墮落！懶散的蠢蛋！），但正面的印象（與女性談天）卻微不足道。

而且請注意，達爾文的列表中幾乎沒提到自己會與另一個人共度人生，只提到那個人可能會占據他的時間，以及影響到未來可能的住處。所有優缺點統統關於他個人的感受和他預期會發生在自身上的事。你或許覺得很合理：重要的當然是他會碰上什麼事。

在達爾文的表中，看不到對另一個人的奉獻、情愛；或者，也未見他提及和另一人相依終身（十九世紀理想上常見情形）至死方休，從中所體會到的苦樂。列表中看不到為他人創造幸福的快樂，也不見能撫慰配偶悲傷的機會。除了「與女性談天」這一項之外，配偶的存在與奉獻可能對他產生什麼影響，同樣付之闕如。在他的表中，唯一談及相親相愛、共築兩人世界這件事的，僅僅一句「有個能鍾愛、玩樂的對象——總之，比狗好吧」。他只關心自己。但也不是沒道理——達爾文從未有過伴侶，又怎知與他人共度人生的影響力有多大？

除了提到要尊重太太想住哪裡，以及得花時間與其親戚來往，達爾文隻字未提承擔責任的壞處。表中也沒提到糟糕的婚姻可能藏有無形成本：因失去自主性而動彈不得。自覺受困於不幸婚姻的人，失去的遠不僅是隨心所欲工作的能力。這不是只關係到觀賞配偶不喜歡的電影的權利，或者在決定度假地點時，選擇去山上而非去海邊這類事情。如果你婚姻不美滿，後悔之情會鋪天蓋地籠罩你所有的行動和體驗。

達爾文的列表只考量了婚姻生活的表面。就跟在路燈的亮光下找鑰匙的人一樣，列表也僅根據他這名青年在相對正式的場合裡，短暫碰上其他已婚夫妻所獲取的觀察結果。這樣的經驗並非沒有參考價值。但外人能看見的，其實只是婚姻生活的很一小部分。大部分的已婚夫妻很少會在外人面前爭吵，或暴露兩人關係中的弱點。更大的謎團並不在關上的門扉後方，也就是一對夫妻可以安心做自己的時候；事實上，是在已婚人士閉上雙眼時，思考婚姻如何改變他們對自我的認知，以及這些改變又怎麼牽動著他們生命中其他體驗。

與已婚夫妻共進一頓愉快晚餐之後，你或許能對他們的相處方式、幸福與否有些理解。但你很難進入他們的內心世界。而這個隱而未現的內心世界就會造成資訊不對稱：碰上無正解難題時，我們會試圖想像自己要是放手一搏，生活會變怎樣。就好比我朋友跟太太決定要不要生小孩那樣，未來不僅一片混沌，還有一大部分令人難以想像。對單身人士而言，婚姻和為人父母這兩件事看起來都綁手綁腳，而且難以收穫什麼好處。

大約五年前，我決定參加為期共五天、幾乎完全在沉默中度過的冥想閉關活動。我擔心自己不能整整五天都保持沉默。我擔心保持沉默對心神帶來的壓力。我能五天都不收電子郵件嗎？更何況我在那之前從未冥想過。我有辦法在地板或椅子上，幾乎動也不動打坐長達四十五分鐘，而且還得完全靜默、一天得坐好幾次？隨著閉關的日期愈來愈近，我懷疑自己能否撐過整整五天的活動。

到了現場後，我們被要求在冥想階段，不能以任何方式與其他參與者互動。若有人哭了——包含我在內的參與者有時會在冥想期間哭泣——我們被告知別去安撫他們，或關心他們好不好。用餐時，我們要靜靜坐著。如果想要鹽、胡椒或是水，不能打手勢請別人拿給你；你得起身自己去拿。如果在走廊碰到別人，不能跟對方有眼神交流或打招呼。

聽起來很有趣嗎？事實並不然。但這最後卻成為我人生最非凡的其中一段體驗。從那之後，我兩度再去參加了相同的冥想閉關。我發現在情感上，這帶給我很大的衝擊，也改變我對很多事情，尤其是對自己的看法。我因此變得柔軟，而且在活動結束後也能保持這種狀態。

我跟別人分享這種經驗時，最常見的反應是：「我做不到。要五天不能說話，我會發瘋。」我告訴他們，「不能說話」是最輕鬆的部分。事實上，這帶來難以想像的解放感。日子一天一天過去，沉默的時光變得愈加強而有力。在那五天，我清醒的時間帶有一種難以言喻的質地與滋味。但有時我會感到很振奮，這種感覺前所未見。

你也許會好奇，我是怎麼在對活動一無所知的情況下，就決定放手一搏報名參加。因為我女兒曾經參加類似的冥想，她認為我會喜歡，也會從中獲益。出發前，我跟其他參加過的人聊天，問他們是否獲得長期的正面效益，他們的回答都是肯定的。所以某部分我是為了拉近與女兒的距離，想去體驗她體驗過的事物；另一方面，我則希望獲得對自己有益的結果。我決定要參加。但事前跟我分享經驗的所有人，無一能精準傳達這五天閉關真正會是什麼樣子。

之所以寫這些，並非告訴你應該參加沉默冥想閉關活動。我告訴你這些，是因為你可能以為冥想閉關跟一小時不說話差不多，只是時間拉比較長而已。反正（打個比方）以前聽過一小時的演講，期間也都沒有說話，你可能就以為自己能想像整整五天冥想閉關的感覺。但其實保持沉默的影響是非線性的——直到真正體驗之前，你無法想像長時間沉默積累而成的作用力。你也無法想像，經過這五天靜默洗禮後，自己會有怎樣的改變。現在，你會認為忍受五天（或十天、三十天）的沉默，顯然是不理性的決定。不過，若你不清楚哪個決定會帶來什麼樣的體驗，也就難以定義何謂理性。

婚姻——尤其是結婚生子——並不能用下列文字一言以蔽之：「必須與他人共享生活空間，而且對方偶爾會要求你撥出時間陪伴。」婚姻遠不僅是長時間與某人相伴——這叫室友，不叫配偶。即便你與室友同床共枕，那也算不上長期婚姻生活的樣態。

對達爾文而言，婚姻表面看來有很大部分是關於他得放棄的事物。而的確，婚姻存在某些限制。結婚確實代表你不一定想住哪裡就能住哪裡：可能得離開倫敦。你也不能隨心所欲安排時間，所以結了婚也許就不再能照老樣子，遇到秋、冬賽季，每個星期日都用整整九小時觀看美式足球。你的床笫自由也幾乎可以肯定會受到限制。說來說去，都是「不能做的事」。

同理，有小孩代表什麼？會有更多「不能做的事」。為人父母就表示你再也沒有真正的假期。不能買你想要的新車，因為那台車沒有後座。此外，你還得存兒女的大學學費、保母費、尿布錢——你想要的那台車無論如何都買不下去了。為人父母的意思，就是在你青春期的兒女從某個派對開車安全返家前，都無法上床睡覺。

這還只是對男性而言。女性手上的清單就長得多了：懷孕時的飲食禁忌、懷孕相關的併發症、分娩時的死亡風險。另外還有當今的社會文化，相較於一名男性或為人母之前的女性，一個母親在工作、家庭之間得面對更艱難的取捨。誰要這樣的生活？在湯姆．齊佛斯（Tom Chivers）《理性者的銀河指南》（*The Rationalist's*

Guide to the Galaxy）一書中，他分享了卡亞・葛雷斯（Katja Grace）的故事：她是一名研究人工智慧對社會造成之衝擊的研究員，在齊佛斯遇到她時，正在考慮要不要生小孩。為了體會有小孩的生活情形，葛雷斯買了一台嬰兒機器人：放下來時它會哭，半夜也會嚎啕大哭好幾次。她用機器人模擬父母為了餵小孩或換尿布的失眠體驗。

齊佛斯將這形容為「明智的實驗」，有助於葛雷斯判斷自己適不適養兒育女。但我不認同。將照顧機器嬰兒與照顧兒女的不利之處相提並論，就跟把聽演講暫時不發言與五天靜默做比較一樣。作家伊莉莎白・史東（Elizabeth Stone）的形容中肯得扎心：「生小孩的抉擇不僅十分重大，也決定了是否要讓你的心永遠在身體之外遊蕩。」

而為人父母有什麼優點？從表面來看，結婚生子的人是犯了大錯的傻瓜。有什麼好處嗎？是那些必須貼在冰箱上、還得假裝其中蘊藏驚人潛力的醜畫？是那些在寒風中看著一分未得的足球賽，同時還要聽其他父母嚷嚷「別擠成一團」的時光？

對著幼小、不識字的子女讀床邊故事的經驗？或是有個買多功能休旅車的藉口？這些獎勵與生養小孩的犧牲相比，微不足道。

雖然我拿多功能休旅車開玩笑，但有時這種獎勵根本不能算獎勵，而是痛苦的根源。這是夫妻離婚的原因之一。若想見識為人父母的終極負面觀點，去讀菲利普・拉金（Philip Larkin）的〈這就是詩〉（This Be The Verse）；不過要知道：其實拉金並無子女。但我認為，哪怕對旁觀者而言，保持單身的吸引力與體驗，大體上都可以理解。然而，遵守承諾、接受限制的好處就難以想像——至少達爾文想像不出來。

如果你跟達爾文一樣，想知道結婚或生子適不適合自己，去找願意談談自己婚姻中酸甜苦辣的已婚朋友，就是個不錯的想法。只不過願意談婚姻生活的已婚人士相當罕見。首先，這是極為個人的事，有私密性。其次，多數時候，我們這些已婚人士可能不太意識到婚姻在自己身上造成的變化。除非要寫一本書，否則我們不會特別思考這件事。還有一點，我認為要已婚人士誠實面對婚姻中的起伏，很多人會不自在——光是對自己承認：婚姻並非一場不間斷的你儂我儂、親親熱熱的幸福馬拉松，可能都讓人自我懷疑了，何況還要向外人吐露。

此外，就算我們有所意識、就算我們願意分享，要將感受化為言語說明也不容易。這不是說人在婚姻中的感受不真實，也不是說跟另一半結為連理後就會不善言詞，而是因為與人際關係相連的情感，必然複雜又微妙。

單身的達爾文可能認為婚姻生活會毀掉他的職涯。已婚的達爾文可能會因婚姻帶來的滿足感本身而受到振奮，繼而成為產能更高的學者。說不定，他比自己想像的還愛談天。

要是達爾文跟我夠熟的話，他會問我對於當爸爸有何感想，那我會滔滔不絕，一直說到爐火燒盡、天色漸明、街燈熄滅、日出讓倫敦的濃霧盡散之時。我會告訴他，養兒育女這件事會以一個人難以想像的方式，讓你與自己的父母連結更深、關係更緊密。在生而為人的各種試煉裡，這幾乎跟人生中其他任何事都不相同。多少帶了點不朽的精神。這會改變你，以及你觀看世界的方式。

我會告訴他，想像一下如果有部莎士比亞的軼作重見天日，而且有人說這是他最偉大的創作，會讓你讀過的任何作品相形失色。這部作品充滿純粹的情感與熱情、幽默與笑鬧、失望與勇氣，以及恐懼與歡笑。經常還會有最純然的歡樂。今晚，你就有機會親眼見識。

你去嗎？這是齣喜劇或悲劇？他問。哎呀，那些看過的人都不願意或無法談論他們的體會。那感受太過濃烈。再說了，每場表演的結局都不一樣，所以劇評沒有參考價值。當你知道自己會盈滿在別處都無法見到的光輝，同時也可能傷心欲絕、痛哭流涕，你會想置身這盛大演出的現場嗎？順帶一提，如果夠幸運，你愛的人也會在黑暗中陪著你一起看戲、大笑與哭泣。

這不是誰都能承受的，也不是誰都想去承受，不是誰都有機會承受。但無論劇情怎麼發展，只要真的成為父母，你的心靈會獲得絕無僅有的體驗。我是死忠劇迷，但我是說我，也許你不會喜歡。

這樣說有幫助嗎？也許沒有。無正解難題就是這樣。那麼，有幫你減輕點思考人生抉擇時的壓力嗎？可能有。接下來還會再討論這一點。

但現在，你理解了達爾文只是假裝自己在做理性決定。首先，在真正體驗以前，他無法想像真實的成本與效益，尤其是效益部分。再來，他必須面對吸血鬼難題。單身的達爾文與已婚的達爾文孰輕孰重？結婚生子可能讓人麻木愚鈍，但許多父母似乎很慶幸他們有兒女。或許他們只是欺騙自己。就算這些父母誠實分享自己的經歷，達爾文也無從得知他的經歷是否會一樣。

在放手一搏前先想像結婚生子後的情境，會帶來第三個問題。因為達爾文是從單身、無子嗣男性的角度，試圖探究婚姻與為人父母的真實樣態，其中一定有所遺漏。我在前面曾經給過暗示，但達爾文的列表上絕對找不到這一點。

要找出到底漏了什麼，我們來看看其他科學家和善於分析的思想家，他們是怎樣為無正解難題所苦。表面上看來，這些人應對重大抉擇時，似乎更偏好使用情感而非理性。但我們再細看就會發現，他們的選擇並非不理性。從他們身上，我們能夠學到一些過好人生的重大課題。

第4章 我是認真的

檢視一下學者與科學家如何看待無正解難題，我們就能了解：重大人生決定當前的時候，在陰影中（而非路燈下）會有些什麼。第一位是佩爾西．戴康尼斯（Persi Diaconis）：史丹佛大學數學系與統計系的講座教授，也是美國國家科學院（National Academy of Sciences）的成員。他的研究領域為機會、風險與機率。若從專長來看，他大概是非常理性的人——那種我們會以為他在碰上無正解難題時，手邊就有豐富的「好決定工具包」的人。然而，在一場關於抉擇的演講中，戴康尼斯坦承面對無正解難題時，他也放棄了自己研究中提到的理性手段：

幾年前，我在決定是否要離開史丹佛去哈佛。朋友都對我無止盡的討論感到十分厭煩。到後來，有位朋友說：「你是決策理論的專家之一，或許應該整理一份成本效益表，大概算一算預期效用。」我想都沒想便脫口而出：「別鬧了珊蒂，我是認真的。」

這聽來像個笑話。謹慎評估中年轉職或保持現狀的預期成本與效益——還有什麼能比這更認真的呢？戴康尼斯卻表示，當下自己沒有說笑的意圖。為了做出決定，其實他心情很亂，也因此才「脫口而出」。為什麼他難以計算「預期效用」？這個經濟學術語指的是，就兩種職涯選擇的結果，他對於自己會有何感受的最佳預測。

後來在這場演講中，戴康尼斯還說了另一個難以想像會是由決策專家提出的建議。他說，你的確該做一張成本效益表，但不是為了理性評估優缺點。他認為，這張表是用來釐清你「真正追求什麼」。他指的是你心之所向。很怪吧。一份成本效益表，加上獨自一人冷靜而理性評估那張表的你——沒有比這更能找出自己「真正追求什麼」的方式了吧？

戴康尼斯接著引用皮亞特．海恩（Piet Hein）的詩作〈心理小祕訣〉（Psychological Tip）。海恩是名有物理學背景的數學家，喜歡與他一位丹麥同胞、同樣也是偉大物理學家的尼爾斯．包爾（Niels Bohr）玩他所謂的「心靈乒乓球」。一般會認為，海恩非常擅長邏輯、推理、分析式思考與理性判斷。

海恩在這首詩裡說，當你面臨兩難、不知該如何是好時，就把一便士錢幣擲向空中。但根據海恩的說法，不是要藉此做出決定，而是要弄清「你期待出現什麼結果」。錢幣在空中旋轉時，你會感受到自己想要怎樣的結果。換句話說，當下有什麼念頭油然而生，照著它的意思就對了——可能是發自內心，或是出於直覺，但別靠心智判斷。什麼？這位數學家兼科學家居然給這種建議？

菲比．安斯沃斯（Phoebe Ellsworth）是密西根大學心理學教授，也是美國人文與科學院（American Academy of Arts and Sciences）院士。她承認，在遇上與戴康尼斯相同的抉擇困境（是否到其他大學就職）時，她也有類似的反應。安斯沃斯提到

〈艾文・詹尼斯資產負債表（Irv Janis balance sheet）〉——其實就是成本效益表比較好聽的說法。

我的艾文・詹尼斯資產負債表才寫到一半，我就發現：喔，該死，好像怪怪的！得想辦法在另一邊多加幾個優點！

理性就省省吧；又或者，表面看是這樣沒錯。安斯沃斯是用電子郵件跟我確認上面的引述內容。信中她還加了一段文字（無論是有意或無意，我猜那段話引用了皮亞特・海恩的概念）：

我認為，這些檢查表的其中一個價值在於能誘發情緒反應，繼而告訴你真正想要的是什麼——比如在擲硬幣時，你以為自己沒有偏好，但看到某個結果而感到失望的當下，其實就表示你還是有偏好的。

但為什麼理性的人想要激發**情緒**反應？安斯沃斯所謂「真正想要的是什麼」，指的又是什麼意思？你想要的，不就是讓你最開心的選項——那個利益高於成本的選項——而非不敷成本的結果？

從這裡可以再回去談談查爾斯．達爾文的抉擇。

我想像那場對話的隔天早上，達爾文捎來短箋，上面寫說他徹夜想著這道難題並且做出了決定。他想知道我能不能再去他家；雖然知道有點強人所難，但他很重視我的建議，所以想聽聽我的看法。

那天晚上，在俱樂部用完晚餐後，我再次前往大馬爾伯樂街，爬上樓進到達爾文房裡的起居室。我又跟這名偉人同處一室；就跟上次一樣，我們各自坐在熊熊爐火前的高背扶手椅上，火光照亮達爾文的臉。裝著拉弗格威士忌的玻璃杯也跟上次一樣為我準備好了。

簡短交談後——達爾文謝謝我再度光臨；我說這是我的榮幸，很高興能幫上忙——他把之前讓我看過的那張紙再次遞給我。表格底部有個名為「結婚」的欄位，他用很類似喬伊斯意識流的手法，在那裡寫下幾行自己的想法總結。在我內心想像的畫面中，我看到了那一晚在我們談話之後，來回踱步又自言自語的達爾文。

> 我的老天，一輩子像隻無性的蜜蜂，統統在工作、工作，此外一無所有，誰受得了——不，不，我不要這樣的生活。想像某人成天孤單生活在煙霧瀰漫、骯髒的倫敦房子裡。——再想像一下，沙發上有個溫柔的好太太，還有美好的火爐、書，或許還有音樂相伴——此情此景跟大馬爾伯樂街黯淡的現實相比會如何。

然後這位偉大的科學家在「結婚」欄的最底部寫下：

結婚——結婚——結婚。因此得證（Q. E. D.）。

黯淡？我環顧四周。嗯，或許有一點。我推想，誰若有機會跟達爾文說上話，大概也不會去注意室內裝潢吧。黯淡加上達爾文是很討人喜歡的組合。達爾文所寫的「因此得證」讓我很驚豔——*quod erat demonstrandum* ——有證為憑，故得證。達爾文的決定中帶有科學成分，我認為並無半點裝模作樣。這個用語絕對讓身為科學家的他感到放心。某個層面上，難題解決了——他已做出決定。

眼前看起來，達爾文無視手頭上的資訊，還做了錯誤的決定。根據他已知與寫下的內容，怎麼會決定要結婚？是什麼動力把他推向「結婚」的？是「沙發上有個溫柔的好太太」那種閒適情景嗎？又為何預期會有很多時間可以工作，忽然就變得討人厭了？婚姻與子女對時間的索求，在之前是最大的結婚阻礙。他曾經擔心失去的倫敦（甚至用「遭放逐與墮落」來形容太太喜歡住鄉下的話自己的處境），為什麼反成了不討喜的「煙霧瀰漫、骯髒的倫敦」？

實在引人好奇——名列史上最偉大科學家的人為什麼突然變卦，做出完全不符其職業生涯的決定。在過去，正是努力不懈與好奇心推動著他登峰造極。

他反而是選擇跟著直覺走，還忽略了手上的資料（哪怕是有瑕疵的資料）。他踏上菲比．安斯沃斯自承也走過的老路：因為列出太多結婚的缺點，所以又在腦中加上一些優點，以免出現「怪怪的」結果。寫三次「結婚」彷彿是要自我說服這是明智的選擇，結果語氣看起來很強烈。他只差沒補上驚嘆號，不妨再對空拋個硬幣，弄清楚自己是否真心想結婚。雖然我當時人不在場，但在劍橋大學圖書館的達爾文文獻庫所保存的日記裡，就可以找到「結婚——結婚——結婚」，以及提及黯淡住所的文字。這裡所收錄達爾文的引文，都出自他本人的手稿。

我們一般人面對難以抉擇的狀況時，通常會在下定決心後，想出一套看似合理的事後說詞，這是要向自己與他人證明我們的作為或準備要做的事背後的正當性。然而戴康尼斯、海恩、安斯沃斯並非一般人，他們是優秀的學者、科學家、數學家與統計學家，但看起來卻像不理性行動者。

我覺得他們不是真的認為我們該忽略理性。他們的意思是，除了自身的體驗與感受外，我們還有其他在乎的事。他們想傳達的是，面對無正解難題，還有比未來體驗更重要的事。

做決定時，若像達爾文這樣列出預期成本效益，通常是為了總結所做的決定會帶來什麼感受。我成為父母或配偶之後，會變得更開心還是更不開心？比起現職，我會更喜歡新工作嗎？如果我在奧斯汀（Austin）跟波士頓（Boston）都有工作機會，哪個會更有趣、更讓人滿意？波士頓美味的海鮮能彌補當地氣候寒冷這個缺點嗎？奧斯汀蓬勃的音樂文化，能填補欣賞不到新英格蘭地區常見的秋日樹景的缺憾嗎？

這些基本上都是功利主義者最基本的考量。功利主義的思考方式來自於傑瑞米·邊沁（Jeremy Bentham）。在一七八九年出版的《道德與立法原則概論》（*An Introduction to the Principles of Morals and Legislation*）中，邊沁認為人類只在乎兩件事：快樂與痛苦。如果必須做決定，就該考慮所有的選項，並找出何者能達致與痛苦相較下最大的快樂值。邊沁使用「效益」一詞概括那些在缺點之外，能帶來正面結果的行為或手段。

無論在實體或精神層面上，凡是討人喜歡的都算功利。邊沁稱之為：「利益、優點、快樂、好處與幸福。」表面上，這很合理。面臨抉擇的時候，我們都想做出正確決定。而做決定時，我們理所當然也想知道每個選項會帶來什麼感受——不只是實際感受，還包含情感上的。邊沁的做法已成為經濟學家所謂理性選擇的基礎。

在邊沁與經濟學家看待人類經驗的觀點中，人生就像花一天時間在某座巨大的遊樂園玩，預算有限，可以玩的遊樂設施也有限。由於你的收入有限，所以無法擁有或經歷所有心裡渴望的事物。從理性角度而言，選擇遊樂設施時，要找出你喜歡的，同時避開你討厭的選項。有些遊樂設施可以玩到一次以上，只要你從中獲得的樂趣高於你首次玩其他遊樂設施的樂趣即可。從經濟學家的角度來看，人生的目標就是在收入與時間的限制之下，累積最多的快樂。

在經濟學家（即功利主義者）眼中，人生就相當於一連串的感受：高興與絕望、痛苦與快樂。除此之外，還有別的嗎？一輩子不就是由種種經歷與我們對這些經歷的感受所組成的？

或許吧。但我想，達爾文和這一章談到的科學家與學者之所以對無正解難題感到不安，是因為他們都認清一件事：我們每一天、每分每秒的感受（我稱為狹義功利主義），並非我們唯一在乎的事。

那還可能在乎什麼？是什麼讓這些看似不理性的科學家認為，比起理性推論，仰賴直覺與本能做出的決定會更正確？

人類關心的不光只有日常生活的快樂與痛苦。我們想要活得有目的。我們想要有意義。我們想要歸屬於比自身更宏大的事物之中。我們有抱負。我們想發揮影響力。

這些居首的重要感知凌駕於所謂的幸福與日常樂趣之上，構成了特定的人生肌理，也定義了我們是誰、又是怎樣看待自己。這種渴望是美好人生的核心。

過好人生比過個快樂人生更有價值。希臘人將前者稱為「eudaemonia」——有時會譯為快樂（happiness）或滿足（contentment）。這些語詞無法精準傳達eudaemonia

的意義。翻譯成「豐盛（flourishing）」比較精準，後文也都會沿用這個譯法。

「豐盛」通常有兩種意思。第一種是指成功，通常是指物質與經濟層面的成功。第二種——也是我這裡採用的意思——描述的是某樣東西生氣蓬勃、有活力。物品會因為有美感而受到欣賞，然後達致豐盛。人類的豐盛，則是接受並盡可能善用境遇，去實踐自己生而為人的潛力。

人類要過得豐盛，就是要讓生命有最極致的發揮——不僅是單純累積快樂、逃避痛苦。豐盛的人生會包含正直、道德、有目的、有意義、不失尊嚴與獨立自主的言行舉止；這些人生面向不僅難以量化，而且還可能無法等閒視之——不管要付出多少代價。你結婚或生兒育女，並不是因為這麼做很有趣或很有價值。生小孩遠遠不只關於生活裡有個小孩所積累出的苦與樂。之所以生小孩，是因為哪怕銀行存款變少，整體生活卻因孩子而充實豐富。

面對無正解難題，我們做的選擇不只是造成接二連三的各種成本與利益這麼簡單——這些選擇定義了我們是誰；一切順利的話，我們也因而獲得生命的意義。就算面對難題且諸事不順，這樣的挑戰也是生而為人必經之事。一談到無正解難題，關於豐盛的問題就更顯重要。

先總結一下，為什麼像達爾文這樣面對無正解難題時，做選擇會如此困難：

- 他無法想像身為丈夫與父親的日常生活會是什麼樣子，尤其想像不出箇中好處；因此無法衡量預期成本會不會大於預期效益。
- 就算能想像日常生活的樣貌，他也遇到吸血鬼難題——達爾文對成本與效益的感受，在結婚生子後不知會有什麼改變。
- 最後，為人夫、為人父在一些方面上，顯然比日常生活的某些經驗還重要；那就是我所謂的豐盛。他該如何顧及豐盛？

經濟學家能輕易想到的答案之一，就是把有關豐盛的面向納入達爾文的成本效益表中。理性，不就表示兼顧所有對你至關緊要的事物——所有能帶來滿足與快樂的事物？那麼理性的選擇，也就是總體上能帶來最多滿足感的選擇。若是把經濟學術語搬出來，難道我們不能將豐盛的面向套進效用函數（utility function）中？畢竟這可是用來衡量你在乎之事的方法。就結果來說，效用函數並不像它表面看起來那麼好用。來看看為什麼。

第5章　豬與哲學家

我們再來看一次達爾文的列表；這一次，要將成為某人配偶、為人父母的生活納入考量，不僅守狹義功利主義的範圍，也就是要看一些日常酸甜苦辣之外的事。我會把有關豐盛的項目以斜體表示，比較一目了然。

將「豐盛」面向加入預期成本效益表中，看似為很好的想法。在艾文·詹尼斯（Irving Janis）與雷昂·曼恩（Leon Mann）的《決策》（*Decision Making*）中，也將自我肯定、自我否定與我所謂的狹義功利主義項目並列考量。但真有幫助嗎？

你該如何運用班傑明·富蘭克林正負項相抵的那套想法？這麼做近乎愚蠢。為了更有意義的生活，你決定放棄哪些事物？這問題本身可能就讓你想回說：「別

婚姻的優點	婚姻的缺點
有人陪伴	可能得離開倫敦
有人能一起玩樂，比養狗好	失去自主性
享受音樂的薰陶	不能與俱樂部的男性進行機智的對話
與女性談天	浪費時間取悅太太的親戚
更有意義的人生	浪費時間拜訪太太的親戚
成為自己想成為的那種人：人夫和人父	*也許不能躋身史上最偉大科學家之列*
年老有兒女照顧	養兒育女的開銷
身體或許會更健康——若太太會阻止人過度投入工作的話	養兒育女的焦慮
有人打理家裡	承擔家庭責任普遍會有的焦慮
	晚上無法讀書
	可能得找份養家糊口的正職

鬧了，我是認真的！」什麼樣的快樂與慰藉能夠彌補你無法變成偉大科學家——你自認注定該成為的人物——的遺憾？這比較接近「其中三者與其他不同」的案例，而不是做出好決定的有用策略。

但為什麼這會那麼難？度假中做日光浴、閱讀，與登山健行的假期時光截然不同，不過我們通常能兩相比較並做出選擇。隨著我們所做的決定，會衍生出日常中的快樂和痛苦；在我們面對無正解難題時，為什麼這麼難將有關豐盛的考量與前述那種苦樂相互權衡？

不管就質或量而言，豐盛都和那大不相同。量的不同，是因為一個人的目的、意義、尊嚴與自我認知，對於整體幸福感的影響，比起享受美食或車子爆胎還重要得多，後者所造成快樂、痛苦的影響力相對較小。不過，有另一個關鍵差異：美食的快樂與爆胎的痛苦來來去去、稍縱即逝。至於涉及豐盛的幸福感卻有持續性，而且會覆於我們日常體驗之上。人的本質難以跟日常中快樂、痛苦的體驗相比。這背後的原因是，我生命的本質重要性遠高於今天、明天接收到的任何感受。目的、意義、尊嚴、配偶與父母的身分——這些人生的面向不只關乎快樂與否，而是定義了我們，並且充塞於生活中，不能視為單一獨立的事件。

約翰．史都華．彌爾（John Stuart Mill）說過：「當個不滿足的人類，比當隻滿足的豬好；當不滿足的蘇格拉底，比當個滿足的傻子好。」這是另一種表達「你是

1 譯注：原文three of these things are not like the others是挪用芝麻街（Sesame Street）的知名歌曲〈其中一者（與其他不同）〉（One Of These Things〔Is Not Like The Others〕）。

誰和你怎麼生活，遠比你的體驗重要」的說法。然而哈佛大學心理學家丹・吉爾伯特（Dan Gilbert）並不認同。吉爾伯特是學術界中最有資格稱為快樂專家的人。他關於快樂科學的TED演講，觀看次數超過一千九百萬次。他本人也很討人喜歡、思慮周到又風趣。吉爾伯特主張，快樂是最重要的事，因為我們的一生就是由「感到快樂」與「不快樂」的體驗交織而成。

吉爾伯特想像這種情境：「在奧運規格游泳池裡，當個快樂游著泳的無恥享樂主義者，皮膚感受到冰冷的池水、沐浴在和煦陽光下；此時這種享樂的狀態只能用舒暢爽快來形容。不時，我也跳出泳池稍微休息，然後想到這樣的人生有多空虛，心情也蒙上了幾分鐘的陰影。然後我又回到游泳池，再繼續游泳。」也就是說，一天中二十三小時，你會跟泳池裡的豬一樣開心。而每天有一個小時，你會是個哲學家，反思起那空虛、豬一般的生活。

吉爾伯特認為兩種角度單獨都能成立。當你是隻豬的時候，可能在游泳池裡游泳、大啖美味餐點或享受刺激的豔遇，當下並不會多想人生的意義或自己的身分，也就是你哲學家的那一面。你很快樂，所以會忽略像「人生是否有意義」，或者「在游泳池中游泳是否合乎道德」、「是否與你的價值觀一致」這些問題。每天有一個小時，內心的彌爾會困擾你，當然，也就讓人對自己的生活狀態感到不安。在這種時候，由於你正戴著哲學家的帽子，所以會與內心的那隻豬失去連結，因而無法適切考慮你在另外二十三小時裡做的決定帶來怎樣的快樂。

吉爾伯特的結論是：這兩個角度都忽略了彼此——跟吸血鬼問題很類似——而兩種體驗都該得到同等重視。吉爾伯特認為，只要某一種體驗——當一隻豬的滿足感或當一個哲學家的不滿——持續較久，那就是它說得算。重要的是，當豬的滿足感或當哲學家的不滿分別能持續多久。如果你當豬的時間比當哲學家覺得苦惱的時間還長，那代表你過得很好。

大多數人的生活，或許除了休・海夫納（Hugh Hefner）[2]或蘇格拉底之外，都

2 譯註：《花花公子》雜誌的創辦人。

是無恥的享樂主義者與困惑的哲學家的綜合體。我們享受生活中的樂趣。我們通常偏好避免痛苦。日常生活中的樂趣不無可取之處；想想那些簡單的滿足：先知彌迦（Micah）對美好生活的描述——人人都要坐在自己葡萄樹下和無花果樹下，無人驚嚇。[3]或想想家裡的小孩邁出第一步給人的驚喜感。又或者，當你在愉快的山區健行中登頂時，看到陽光穿破雲層照亮腳下山谷的美景。想當然耳，這些心滿意足的片刻是人生體驗中很重要的部分。

但多數人想要的，不只是滿足或快樂的日常片刻。我們想要有目的與意義。我們希望自己的行為符合道德規範。我們在乎與朋友、家人的連結。我們清楚自己該如何對待身邊的人。我們還願意忍受些許痛苦，以獲得人生的目的和意義，並做出正確的事。我們是誰、我們怎麼看待自己，以及我們選擇遵循的道路，是那些最關鍵決策的核心。彌爾表示，人類活著就該是這個樣子。

無論當下有多麼享受，多數人不會想在游泳池裡游二十三個小時。隨著之後一小時自我反省而來的，也不會只有一小時的沮喪情緒。心中的強烈想法與某部分的內在自我，並非我們在池畔擦乾身體、偶然起心動念，才不時會浮上心頭。它們可能會在未來的每一天讓人感到懊悔、沮喪。

可能在某一天，我會厭惡自己已婚或為人父的身分。事實上，這樣的日子可能非常多。我想像得到，對有些已婚人士或父母而言，不好的日子比順心的日子還多。但多數人並非按著吉爾伯特主張的某種大數法則——檢視一生的快樂與痛苦，加總後看何者勝出——來決定我們要怎麼生活，以及想成為怎樣的人。還會有其他無時無刻跟日常體驗同時存在的事物。把人生過得充實——換言之，過好人生——並不光是將快樂與痛苦加總，然後盡力讓前者大於後者。

「前五十年享受純粹快樂，後二十年只有悔恨與羞辱」的人生，跟「前二十年充滿苦難，後五十年過得享樂」的人生並不相同。時機點——好日子是先來還是後至——很重要。這也就是說，過好人生不只是把成本與效益放在一起計算，看得出

3 譯註：原文引用自《聖經・彌迦書》第4章第4節。

的數字哪個多、哪個少。我們在乎的不僅僅是每天觀察快樂 vs. 痛苦，加加減減後得到的總和。為了達到內心深感重視的目標，我們很樂意忍受些許苦難——即便經歷苦難的時間比成就達成後的喜悅還長久。

對多數人而言，成為吸血鬼不只是踏入未知領域。那是不道德的領域。即便每個放手一搏成為吸血鬼的人都感到極為快樂，並蔑視那些不食鮮血的可憐凡人，多數人還是認為成為吸血鬼就是不對的事。我們不在乎長生不老和晚上從棺木裡跑出來會有多快樂。我們就是不想當吸血鬼。

決定要不要成為吸血鬼不太算無正解難題。其實正解很明顯。我不想成為吸血鬼，因為這不道德。成為吸血鬼前後快樂程度的變化不會動搖我絲毫。就算知道成為吸血鬼就能長生不老，我也不受影響，因為我寧願保有最平凡無奇的那種人類良知，維持我現在的樣子。

將成本與效益加總，絕非思考怎麼過好人生的正確途徑。豐盛這個概念幽微得多，會在我們日常的快樂與痛苦上形成最高原則。那些我稱為豐盛的生命樣態，既超越也提升了我們的日常體驗。

成為父母後，你看待自己的方式與你視為自己應承擔的責任就有所不同。這種自我認知——認清自己已為人父母——凌駕於你的日常體驗之上。從此刻起，你是誰比你個人的體驗更加重要。此外，成為父母也為你的日常生活帶來提升，因為有個新生命從此成為生活的一部分。你從未注意到的小事物變得驚奇，日常生活有了不同的肌理，而人生也不會永遠一帆風順。你多了原先沒有的煩惱與痛苦。你與另一個人類有了不可逆的羈絆；從此以後，一切都不同了。

打高爾夫球之類的嗜好可以讓人放鬆，這片心靈的桃花源讓你忘卻生活中的各種壓力。精神上的修煉——冥想或宗教活動——也有相同效果。但理想的精神修煉，是要在你冥想與宗教活動之外的時間，也能發揮影響力：你以某種方式脫胎換骨，改變的不會只是你的感受，自我認知也將不同。而自我認知又會影響到你對待他人、行走於世的態度。同時，精神修煉也能提升你對美麗、哀愁，以及對大小事物的體驗。

成為吸血鬼帶來的改變，不只影響到飲血、睡在棺材裡的這些時間。你永遠、無時無刻都是個吸血鬼。針對無正解難題所做的選擇，會讓一個人進入一種存在狀態，而那種狀態可能是用好的方式或不好的方式，浸潤著每天的生活。你以為能就這種脫胎換骨的轉變進行成本效益分析？那是錯覺。

但選擇去做會造成較多痛苦、較少快樂的事情，這樣有理性嗎？哪個神智清楚的人會心甘情願選擇一條可能充塞許多苦難、心痛，而非快樂與歡愉的路？誰會自願承受心痛與不安？

人類。

因為我們喜歡挑戰。寫俳句的人、戰時入伍從軍的人、只因「山在那裡」就要攀上那看似難以征服之山的人、馬拉松跑者、無償擔任志工的人——他們的動機就是喜歡挑戰。痛苦——尤其是為了理想而受苦——可能成為生命意義的源頭。這並非不理性。這麼做，通常讓人受到欽佩。

我太太計畫跟姊妹來一場為期五天的健行旅遊，所以她去REI[4]添購裝備。

店員想知道她們想要的是第一類或第二類體驗。有何差別？第一類體驗裡，整趟旅程都很舒適——不會太有壓力，多半是正面感受；在過程當中，以及結束之後，你都會很享受。例如在海灘度過一天、在公園散步。

第二類體驗難度很高。你會碰上需要咬牙挺過痛苦的時刻：在很短的距離內爬上很陡的地勢、脫下鞋子涉水渡河會讓腳趾痲木、背著沉重裝備跋涉會弄傷你的背或腳。

但第二類體驗會讓你永生難忘，也讓你變得強壯。克服了途中險阻後，你會覺得自己達成了某種成就。第二類體驗能讓你更認識自己。這種體驗有機會令你不僅得到愉悅的感受，還可能振奮人心。過程中，你可能不會覺得（很）樂在其中，但在結束後，你所獲得的享受就是不同於第一類體驗。

我們偶爾選擇接受第二種體驗，並不是因為那是場試煉，而是我們希望能體驗

4 譯註：Recreational Equipment，美國知名戶外用品專賣店。

更深刻而有意義的事物、希望能與另一人共享那些激發我們更好的一面，並讓人成長的事物。婚姻、養兒育女比較像是第二類體驗而非第一類。多數時間，我們很高興能有這樣的經歷，儘管那不同於在海灘度過一天。重大人生抉擇中會有好壞參半的元素，這是在所難免。隨著那些抉擇而來的，是一種層次更高的體會，而且將充塞於我們當下與未來所有的感受中。

有則寓言說的是老師給學生一項挑戰：有一顆石頭，還有一座一百階樓梯的塔。你的任務是把石頭帶到塔頂。學生小心翼翼抱著沉重的石頭，設法帶到塔門前。但那扇門很窄，石頭又太寬，不管學生怎麼轉動石頭，都無法穿過那扇門。根本辦不到，學生大喊。老師拿了把鎚子敲碎石頭，這樣一來每片碎片都能輕易穿過去了。這顆石頭就是你的心，老師說。只有破碎的心能夠爬升。

隨著年歲漸增，我們理解到自身所受的痛苦——特別是心痛——不只是讓人變強壯，更會讓我們經歷的一切愈加豐富、完整。年紀愈大，我們會愈偏好苦甜巧克力，而非完全只有甜味的巧克力。

在成本效益表中，與其把豐盛與我所謂的狹義功利主義混為一談，更有效的做法是個別考慮每個項目，並思考那對你理想生活方式的相對吸引力。這會讓你不得不注意到豐盛的作用。我們接下來要檢視一些無正解難題，並將我們所做選擇的日常成本、效益，與豐盛的問題一併納入考慮。我們會看到，隨著下決定而來的「豐盛」結果，常常是影響我們的決定的關鍵因素。這樣子是好或不好？由你自己判斷。相對於日常生活中的體驗，什麼樣的要素會牽動一個人豐盛與否？釐清之後，規畫生涯道路就更容易了。

第6章　豐盛的重要

二〇二〇年，有人邀請我去應徵耶路撒冷沙勒姆學院（Shalem College）校長一職，我最初不感興趣。身為史丹佛大學胡佛研究所（Hoover Institution）的研究員，我在家就能研究任何自己感興趣的知識主題。我喜歡我住的房子，也喜歡我的社區環境。我跟太太兩人在這裡交到很棒的朋友。我還領著優渥的薪水。以上統統是可支持我拒絕校長職位的論據。

何況去以色列工作也有缺點：要賣掉我們的房子、得分清楚存進倉庫和帶去以色列分別是哪些東西、自己恐怕不會是稱職的學院校長、必須跟家人分隔兩地、離開親近好友、希伯來文一點都不流利，以及要去適應一個可能不會讓我太自在的文化。

站在狹義功利主義的立場，根本不用費心多想這個問題——傻子才會接這份工作。不少親朋好友都要我推掉。

然而，一旦碰觸到「我是誰」，以及「我想成為怎樣的人」這樣的問題時，從另一個方向想，又會浮出另一種不假思索的答案。沙勒姆學院是以色列唯一的博雅教育（liberal arts）學院，其核心課程結合了西方經典中的重要作品（如柏拉圖與荷馬），以及經典的猶太文本。這些作品中的提問讓我益發感興趣，也就是探討「怎樣過好人生」這種最基本的課題，另外還包括雅典和耶路撒冷哲人所提出的答案。

身為猶太人，我一直很關心以色列這個偉大的建國實驗。能為這個志在培養以色列下一代領袖的組織貢獻一己之力，對我來說是莫大殊榮。我會很大程度參與有時被稱為博雅教育（liberal education）的志業——沙勒姆新任院長里昂・卡斯（Leon Kass）認為，這個過程不只是「從」偉大的作品與過去的思想家身上學習，而是要「藉著」那些人與他們思想中的智慧來學習。在這個資訊科學與工程學愈來愈受關注的國家，又是在我認為教育應包含的環節於西方世界遭到益發嚴峻攻擊的時刻，這樣的工作機會很吸引人。這時有人向我提供這份工作，豈有拒絕的道理？我答應了，也跟太太搬去以色列住。

這是不理性的決定嗎？經濟學家可能會解釋說：我希望從這份工作獲得自尊和滿足感的預期效益，想必遠勝過搬家及放棄現有條件的成本。這說對了一部分。新工作帶來的某些痛苦是我不願意忍受的，比如薪資減少，可能會危害到我們家的未來；或者如果太太反對，而非像現在決定搬家，擁抱未知與挑戰的話，我也會拒絕。而倘若這個決定帶來的利益非常小的話，我也會拒絕：在保加利亞經營小間的博雅學院（我的保加利亞文比希伯來文還爛；保加利亞不是猶太人之鄉）的利益就沒有豐厚到足以讓我放棄現有的環境。

所以確實有狹義功利主義的因子影響到這個決定。但豐盛與否的問題對此決定的影響更是關鍵。之所以接下這份工作，是因為我感覺到這是自己注定要做的事，也就是我的天職。若不把握機會，我會感覺像背叛內心深處的自己。

我們來看一些無正解難題，由此檢視豐盛如何與功利主義的考量相互作用，並影響人所下的決定。

婚姻與育兒

達爾文教導我們：婚姻不只關係到有個同床共枕的人，而且在餐桌和沙發上也都能見到那個人，這種情況下我們的感受為何。重點是，人在婚後會成為某人的丈夫或太太。「我是誰」，以及過完這一輩子的方式都會因而有所改變。成為配偶這件事既超越也提升了我的日常體驗。

養兒育女不僅關乎日常生活的酸甜苦辣：看小孩在高中棒球賽擊出中右外野二壘安打的喜悅，或見到小孩被心目中理想學校拒絕入學申請的失望。撫養嬰兒機器人只透露出為人父母要付出哪些成本，卻無法告訴你有了小孩之後，一個人的自我認知會歷經什麼變化，以及因而對體驗生命的方式有何影響。機器嬰兒沒辦法精準傳達成為父母會怎樣賦予你生命的意義。

之所以再三強調婚姻與育兒生活中的豐盛，是因為與日常體驗相比，豐盛更難察覺。但對很多人來說，擁有豐盛就等於不結婚、不生小孩。

法蘭克・卡夫卡（Franz Kafka）跟達爾文一樣，在日記裡列出贊成與反對婚姻的論點。卡夫卡是位作家；達爾文是位科學家。卡夫卡來自布拉格；達爾文來自倫敦。卡夫卡是猶太人；達爾文是基督教徒（至少當時是）。而他們的顧慮十分相似。以下是卡夫卡的清單；所有的文字都出自他的手筆（摘自《卡夫卡日記》〔*The Diaries, 1910-1923*〕），但是為求簡潔、符合現代拼寫，文字經過我的編輯。括號裡是我的評論：

1. 我無力獨自應對生命這場硬仗。（那就結婚吧！）
2. 與這（婚姻）相關的任何事，都會馬上讓我猶豫再三。（嗯，先不要。）
3. 我必須經常獨處。我現在的成就都是拜獨處之賜。（可能還是別結婚好。）
4. 我討厭與文學無關的一切、我覺得跟人聊天（即使是討論文學）很無聊、拜訪別人很無聊、我親戚的悲傷與喜悅更是無聊到谷底。聊天會奪走我所有想法中重要、嚴肅與真實的內涵。（絕對不要結婚。）

5. 與他人有連結、漸漸變得不像自己，這些都令人恐懼。那樣一來，我就再也無法獨處了。（同上。）

6. 過去和姊妹同在一處的我，跟有其他人在場時的我，是兩個截然不同的人。我會變得跟寫作時一樣無所畏懼、強大、令人驚喜與容易傷感。有太太介入說不定能讓我在眾人面前都有這種表現。但那會不會犧牲了我的寫作？大可不必，千萬不可！（太太或許能幫我在某方面達致豐盛，但是不寫作又怎麼豐盛得了？）

7. 獨自一人的我或許可能有放棄正職的一天。一旦結婚，那就絕無可能。（所以要是結了婚，我就永遠不會成為本來有機會成為的作家。所以別結婚——別結婚——別結婚。因此得證。）

而他也終身未娶。就跟達爾文的列表一樣，卡夫卡滿腦子都是自己可能無法做的事：寫作；以他的情況而言，這就代表能夠獨處、沒人來煩。對卡夫卡和一些人來說，豐盛即不婚。

在哪裡生活

還是青少年的時候，蘿亞．哈卡欽恩（Roya Hakakian）就離開伊朗前往美國。她的書《美國新手指南》（*A Beginner's Guide to America*）精準捕捉到，當你離開從小長大的地方、移居到陌生文化環境時，會體驗到哪些困惑與迷失感——深刻的絕望不時會伴隨許多精采的人生高潮而來。但一個人到他國定居所遭遇的連串事件，將其全部加總起來，並不能說明他得到怎樣的體驗。你必須思考搬家如何改變自我認知，即一個人怎麼定義「我是誰」。以蘿亞．哈卡欽恩為例，她變成了美國人。這個改變會疊加在她經歷中所有的高潮與低潮上。

如果問一個移民是否很高興自己來到美國，他可能會讚揚自由的價值，或者慶幸自己逃離暴政或當地艱苦的經濟困局。移民回望來時路，會將這個問題的一部分或大部分連結到「何謂美國人」的意義，而這個身分又是如何滲透到移民的所有經驗裡。

我們選擇在某個地方生活，遠不只是考慮哪裡天氣比較宜人、有更好的工作機會、更佳的一日遊景點、更棒的在地美食等。要在哪裡生活關係到我們是誰，而不只是我們會有什麼體驗。

我跟太太搬到以色列時，我們變成以色列公民，也是所謂「成為阿利亞」（making aliyah）[1]。與工作簽證相比，這件事只帶來些許經濟上的好處。但我們之所以成為阿利亞，並非想在買車時少繳點稅。我們想接受身分上的轉換，也就是自我認知的改變。我們渴望成為公民，成為史上最非凡的其中一場建國實驗的一部分——兩千年前是他們在這個地方最後一次擁有主權、居住於此；如今，這個民族

1 譯註：阿利亞（עֲלִיָּה）在希伯來文有「上升」的意思。「成為阿利亞」泛指世界各地的猶太人移民回以色列之舉。

又回到了故土。

當英國人民就「脫離或留在歐盟」的脫歐（Brexit）議題投票時，有些人關注的是隨抉擇而來的經濟後果：離開歐盟會導致英國人更窮；留下來則會讓英國不得不補助其他歐盟國家。但在許多投下「脫歐」、「留歐」選票的人心中，最大的重點並非圍繞著生活水準打轉、狹義功利主義式的爭議。

對許多人而言，脫歐真正的癥結點是身分認同。選民首先是認同自己為英國人？還是歐洲人？尤其在英格蘭，許多人投下脫歐票，是因為他們覺得政治領袖對家園英格蘭不夠用心，也不夠在意他們的英格蘭人身分是生命意義之源這件事。想留在歐盟內的人擁抱的是更加世界主義、國際化的身分認同。

在哪裡工作

佩爾西．戴康尼斯的同事建議，不妨整理一張優劣分析表，以決定要不要調職到其他大學，他回應道：「別鬧了珊蒂，我是認真的。」這麼說並不是指隨心所欲或衝動行事。我想他要表達的是，除了住的地方以外，要考慮更多條件。他理解到，身為哈佛大學教授或史丹佛大學教授，分別會讓自我認知隨之不同。對旁觀者而言，這沒什麼大不了，畢竟兩所學校都是一流的。但我認為，這對佩爾西．戴康尼斯而言很重要。這不只關乎劍橋的生活是否比保羅奧圖（Palo Alto）的生活更令他享受，而是牽涉到新的自我敘事的焦慮：相較於舊的自己（史丹佛大學教授），他對新的自己（哈佛大學教授）抱有怎樣的看法。當然，他也會擔心新同事是否有助於他學術發展上的成長。

友誼

友誼該在你的人生扮演怎樣的角色？應該花多少時間在交朋友、建立友誼上？你應該聯繫上週末在晚宴上遇見的人嗎？如果那個在晚宴上遇到的人聯繫你，應該接受他的邀請去喝杯咖啡、吃頓午餐或聽演唱會嗎？你要犧牲哪些代價去維繫、打造既有的友誼？該怎麼思考這些問題？是否適合用功利主義計算方式來處理——也就是計算從這份友誼你得到多少經濟或情感的回報？你該想像自己會因擁有另一群朋友而過得「更好」嗎？

我們很常用交易相關的詞來描述友誼——「我應在友誼上**投資**多少」等說法——就好像友誼是某種資產，會因投入特定時間而產出足夠的回報。但另一種思考角度是，不以回報多寡來衡量友誼，而是視之為自我本質中的一部分。你會想要成為某人好友，哪怕這不值得（又一個帶有功利主義觀點的經濟學語詞）。對多數人來說，我們與朋友建立的友誼與人際網絡，也形塑了我們的身分。我們在朋友身上投入時間，不會去想那能帶來多愉快或多不愉快的日常體驗。第八章會更深入探討友誼的議題。

投票

你會去投票嗎？為什麼？這不是最讓人頭大的無正解難題，但投票與否會透露出我們的自我認知和是非判斷（也是豐盛的一部分），如何與我們狹義功利主義的那一面相互拉扯。事實上，經濟學家認為投票是不理性的。前往投票所、排隊投票再回家都要花時間，也就是要付出成本。但利益是什麼？如果遇到平票，你的選票就能打破平衡，成為關鍵的一票。然而多數的選舉很少遇到平手局面。即便選情拉鋸——幾百張票決定勝負——你那一票對結果而言還是毫無意義。但是，我親愛的讀者你，大概還是會去投票——就跟我一樣，縱使早知道那張選票只會為已破百萬的得票數再加一而已。何必呢？

我問大家這個問題時，他們通常會回答：「但如果每個人都待在家呢？」經濟學家的回覆是：「無論他們待在家與否，都不會受到**你**待在家還是去投票所影響。」所以理性上，你應該待在家。與其投票，不如把時間用在修整草坪、讀故事給小朋友聽、賺賺顧問費，或去慈善廚房擔任義工。與其投票，理性的選擇是找出更能善用這段時間的其他事。

把這些話告訴選民，他們絕不會回答：「說得太對了！如果我的選票根本沒有價值，去做有價值的事情才理性。」相反的，去投票的人會被經濟學家惹惱。只有經濟學家會對這種惱怒感到不解。選民之所以投票，是因為他們認為這是正確的事情——這是公民身分認同的一部分。他們會去投票，是因為不想覺得自己在逃避公民義務。他們認為自己是負責任的公民，不僅有義務去投票，也有履行自身義務的信念。這些人不會認為自己是傻傻投票的呆瓜。他們會認為自己這麼做很可敬。只有受到狹義功利主義誘惑的經濟學家，才會稱之為不理性的舉動。

離婚

結不結婚的決定讓達爾文糾結不已；深陷不幸婚姻的人也面臨類似的兩難。要不要離婚跟要不要結婚都是無正解難題。現代多數國家的離婚流程整體而言都簡化了。社會文化也有一股很強的潮流，要將離婚去汙名化。如果你認為婚姻不美滿，眾人便會鼓勵你離婚。有一位離婚的友人跟我說：「我從婚姻中獲得的不夠多。」

經濟學家將離婚塑造為一種理性的選擇——離婚帶來的幸福會超過繼續維繫婚姻的話，那就離婚吧。當然，也可以從社會學家的角度，以此框架檢視離婚這件事。

這樣一來，甚至可能有效預測並幫助我們理解不同時期及不同國家離婚情形的固定模式。但我認為，在不幸婚姻中掙扎者的真實處境，一點都不會因而明朗化。

儘管有為離婚去污名化的文化潮流，但許多我認識的離婚人士，似乎並未以最大化自身幸福為出發點，來決定要不要離婚。婚姻是他們身分的一部分，影響著他們對自己的觀感。而他們知道，一旦決定結束婚姻，離婚也會成為身分的一部分。他們不想讓離婚成為自己的代名詞。他們通常自認會是從一而終、只有死亡能讓兩人分離的那種人。

有些人離婚單純是基於功利主義考量：希望未來能有更多日常中的幸福——多過於從現任伴侶身上所得到的。另外有些人發現自己受婚姻的折磨，因此似乎不可能享有豐盛人生。對後者而言，離婚不只關乎追求幸福快樂，而是通往豐盛的途徑。

皈依或脫離宗教

一個人之所以選擇改宗，並非因為上教堂、只吃符合猶太教規的食物或一日五次向麥加禮拜，這三者有哪一件事樂趣較大。而脫離某宗教也不是因為覺得無趣，才選擇這麼做。無論是信教或脫離宗教束縛的生活，從中都能找到日常樂趣。但決定要皈依或脫離（或者完全不相信宗教），就不只關係到我們認為隨之而來的生活會不會比現況更令人快樂。對許多人而言，宗教生活旨在尋找真理——完全與成本無涉。對那些失去信仰的人也一樣，儘管可能非常痛苦，他們仍選擇離開本來的宗教群體，因為他們不再認為真理存於那個信仰中了。

歸屬感是宗教與政治吸引人的關鍵——一個人感覺到自己是比本身更大的群體的一部分，便會相信有某種義務存在，或者會相信那能讓世界變得更好。這種歸屬於某個重要群體的感受不僅可能充塞日常的體驗，更可能於我們生命中無所不在。

看似很瘋狂的善舉

為什麼有些德國人與波蘭人在納粹大屠殺時選擇藏匿猶太人？當然，多數人沒這麼做，但選擇這麼做的人又出於什麼理由？畢竟這等於拿著自己甚至全家人的性命來冒險。多數人不會將自己其中一個腎臟捐給陌生人。但為什麼還有人願意做這麼高風險，卻幾乎沒有明顯報酬的事？我詢問紀錄片導演潘妮・蘭恩（Penny Lane）為什麼她要捐贈腎臟時，她的回答：在了解或思考過這麼做的成本與風險之後，她認為這顯然是正確的決定。成本是她得接受捐贈手術，以及隨之而來的風險；但利益是讓陌生人擁有更好、更長的人生。這不完全是狹義功利主義標準的計算方法。她的期待是，如果手術成功，她會少一顆腎臟，但這位陌生人未來的人生，將免於洗腎與迫在眉睫的死亡威脅。第九章會再討論潘泥・蘭恩這段經歷。但現在你認為她做了不理性的決定嗎？她是傻瓜或令人欽佩？

所以呢？

許多人在做決定時，把豐盛的考量放在狹隘功利主義之前——他們關注的是自我認同、生命的目的與意義對他們來說是什麼，以及他們認為正確或善良的事。他們選擇將這些人生境界納入考量，儘管從這些選擇衍生出的日常後果，往往是苦痛多於快樂。

你可能會選擇著重於豐盛，也可能會選擇忽略它。當然，你可以在不去投票或不捐出一顆腎臟的情況下依舊豐盛。你也可以整天待在游泳池，盡可能獲得最多的快樂並忽略豐盛。或許這對你毫無意義。但達爾文為婚姻所列的成本效益表向我們顯示了，有些人生面向因為難以想像而容易被我們忽略。其中就包含你在放手一搏後，可能會得到的享受；或許還包含那些為你的日常帶來痛苦而非快樂，卻也為你帶來生命目的與意義的事物。

我們都很清楚燦爛日光下的游泳池與池畔一杯瑪格麗特調酒的魅力。你過去的經歷就好比那盞「路燈」，在燈下，這種快樂享受被照得通亮，或者你能輕易想像做這些事的感受。你比較難想起，若擦乾身體、穿上衣服、花較少時間在游泳池，生命便可能出現更有意義的事物。較諸日常生活中的苦樂，豐盛的重要性更容易遭到遺忘。不僅如此，那也不光是你一路上都會很享受的事。在你真的體驗到以前，豐盛難以想像。

經濟學家暨道德哲學家亞當・斯密認為，豐盛與它帶來的滿足感，比我們表面上看到的還微妙。在他較不為人知的大作《道德情操論》（*The Theory of Moral Sentiments*）中，他寫道：「男人天生渴望的，不僅是被愛，還有可愛。」他指的「被愛」（loved），不只有得到他人關心，還有接受讚揚、感謝、欽佩與尊重。我們希望自己的存在有意義。而亞當・斯密的「可愛」（lovely），指的是值得被讚揚、感謝、欽佩與尊重。本書寫於一七五九年，所以他說的「男人」（man）指的是全人類。亞當・斯密對於被愛與可愛的想法，跟我在此討論的豐盛非常接近。

亞當・斯密觀察到，有兩種使存在變得有意義的方式，即兩種獲得你周遭的人讚揚、感謝、欽佩與尊重的方式。其一是你變得有錢、有權力、有名氣。另一種方式是靠著智慧與善良。亞當・斯密稱第一種途徑為「華麗而閃耀」。這條路自然很吸引人——富人、強人、名人很容易受到矚目，也會有很多人矚目，亞當・斯密稱這群人是「人類中的烏合之眾」。我們有時會說富人、強人與名人很顯達，但「顯達」跟我所謂的豐盛，兩者意義不一樣，所帶來的滿足感也不相同。

一個人走在智慧、善良的道路上也能獲得旁人的尊敬，但這條路沒那麼清楚明亮，只能吸引到亞當．斯密稱為「一小群人」的注意——主要都是本身就擁有智慧與善良的人。閃閃生輝的道路非常誘人。較好的路卻在陰影的籠罩下，難以給人留下印象。

如果你在乎豐盛，就必須奮力讓它成為人生的重心。

後面幾章要檢視一連串的無正解難題，並探究、比較明亮的道路與陰影下的道路兩者各自的吸引力，再進一步闡明前面所談的概念。我會提出一些或許比狹義功利主義計算更有用的方法。面對無正解難題，不會有一套簡單的法則可遵循，所以我選擇在一些常見的無正解難題上著力，好協助你找出自己可用來解決問題的方法。

先從跟誰結婚的問題開始。如果要把豐盛放在心上，同時留意到可能還在陰影籠罩下的事，應該怎麼做結婚的決定才對？我們一邊探討，一邊也會學到能應用於其他無正解難題的智慧。

第7章 潘妮洛普的難題

潘妮洛普（Penelope）是古希臘著名國王——同時也是戰士——奧德修斯（Odysseus）之妻。你可能也知道奧德修斯的羅馬名：尤里西斯（Ulysses）。奧德修斯參與特洛伊戰爭，但過了二十年，他仍未回到伊色卡（Ithaka）的家。有群假設他已經死了的男人，全跑去奧德修斯家中找潘妮洛普，想抱得美人歸。追求者人數眾多。實際的數字並不確定，但根據某項統計，總共有一百零八名。這群追求者搬進了奧德修斯的家裡。（他的房子很大。其實更接近皇宮——因此有很多房間能容納追求者。）這群追求者吃吃喝喝、辦派對、享用奧德修斯家的牛群和羊群，一面等著潘妮洛普決定他們之中誰是最佳丈夫人選。雖然有人追求總是好事，但潘妮洛普非常困擾。她似乎也沒興致從這一百零八人中挑出一個，從此獲得解脫。她單純只是忠於奧德修斯嗎？或者她盼望奧德修斯人還健在，總有一天會回到家？又或者，她只是無法面對誰是最佳丈夫的選擇？她在拖延時間。

她跟追求者說，等她織完給公公用的裹屍布之後，就會選出結婚對象。但她公公還活著。這件事可能有點恐怖，但在潘妮洛普的時代，當你需要裹屍布的時候，可沒辦法跑去梅西百貨（Macy's）買到。或者想要更精緻的貨色的話，也沒有布克兄弟（Brooks Brothers）能讓你選購。織裹屍布非常費時——光紡紗就是浩大工程，同時還要花時間製作其他織品——以確保家人有衣服穿，毯子也足夠。不能等到公公過世才動工，必須要事先織裹屍布。

到了晚上，潘妮洛普會將白天織好的部分拆開。這套裹屍布策略維持了三年（！），可推知這些追求者對編織理解甚少（非常有可能）、多數時間都喝得爛醉（幾乎可確定就是這樣），或者對潘妮洛普編織手藝的期望很低（或許如此）。這些追求者最後還是發現了潘妮洛普的伎倆——有位追求者從跟他有一腿的僕人那裡聽到消息。追求者對潘妮洛普施以更多壓力，要求她從他們之中選一個人結婚。想必不是跟她僕人有一腿的那位。

我們先假設，潘妮洛普真的不再閃閃躲躲，要從眾追求者中找出最可能是最佳丈夫者。她該怎麼決定？首先，讓她跟一百零八人裡每個人都花時間相處看看。她可以進行訪問、一起出外喝杯咖啡、在伊色卡鬧區共進燭光晚餐。然後她要做出決定：與這位追求者結婚或不結婚。但一旦拒絕，就不能反悔。她永遠不能再找他。基於這些規則，有沒有一套潘妮洛普可以採用的理性策略？

你可能正在尋找人生伴侶，也可能沒有。但潘妮洛普這道難題跟我們遇到的所有重大決定，在某些部分是有共通點的，那就是選項不只一個。選哪一個最好？如果想要豐盛，哪一個選項最理想？

一九六〇年，專欄暨科普作家馬汀．賈德納（Martin Gardner）在《美國科學人》（*Scientific American*）中提出與潘妮洛普的難題背景不同、但情境類似的版本，也就是後來著名的祕書難題（the secretary problem）。以下是賈德納版：當你面對一定數量的人來應徵某職缺，而你可以在面試後決定錄取或淘汰應徵者，你該採用什麼規則來進行？應徵者一被淘汰就會去找其他工作，也永遠不能再錄用他們。

換成潘妮洛普面對相同的假設問題，若想最大化從一百零八人中找到最佳對象的機率，是有一條演算法可用。先面試百分之三十七的追求者；對她而言，那就是四十次約會。潘妮洛普不會跟四十人裡的任何一人結婚。這四十次約會用意是先了解伊色卡當地具備丈夫資格的候選人素質。記下四十人中最優質的那一位。假設前四十人中，最佳人選是伊拉圖斯（Elatus），那也不能跟伊拉圖斯結婚——畢竟他被拒絕了，永遠不能再去找他。要把伊拉圖斯當成量尺——某種標竿——以評估剩下的六十八人。一旦遇到比伊拉圖斯更好的人，就要跟那個對象結婚。

伊拉圖斯有可能是最佳人選，剩下六十八人統統無法超越他。那最後也只好跟第一百零八人偕老。這樣一來，潘妮洛普就無法選到最佳丈夫。假設她是以隨機順序與每個追求者相識，那麼她面試的最後一名對象的預期素質，就會等於團體的平均素質。當然了，實際上第一百零八名男性可能很糟糕。事前的預期幸福與事後的實際幸福可能大不相同。

但讓人驚豔的是，這個策略有相當高的機率讓潘妮洛普找到最佳人選。有多高？如果她採用此策略，獲得最佳丈夫的機率是百分之三十七。還不錯。

你要面試的追求者占總人數的比例，以及根據此規則獲得最佳對象的機率都是百分之三十七。這並非巧合。一般情況下，可以把追求者數量除以e，也就是歐拉常數（Euler's number）。歐拉常數可以用幾種方式表示，包含下方的無窮級數

$$e = \sum_{n=0}^{\infty} \frac{1}{n!} = 1 + \frac{1}{1} + \frac{1}{1 \cdot 2} + \frac{1}{1 \cdot 2 \cdot 3} + \cdots$$

其加總大約是2.71828……省略號表示在小數點後有無窮位數。如果你跟n/e名追求者約過會（這裡的n是追求者總數——潘妮洛普的情況為一百零八人），再選出頭一個超越你標竿（你的伊拉圖斯）的那一位，那麼在n名追求者中，找到最佳丈夫人選的機率是1/e，即百分之三十七。為什麼e該被納入這條算式中，可說是數學界最優雅的謎團之一。美妙吧？

潘妮洛普沒有訂閱《美國科學人》，所以在從一百零八人中做選擇時，並沒有方程式或優雅的策略可用。至少在表面上她並不仰賴直覺，那她怎麼做？

當然，《奧德賽》（*Odyssey*）的讀者知道潘妮洛普所不知的事，因此她的難題讓這部作品更引人入勝：奧德修斯還活著，還安全返回伊色卡。他從特洛伊戰爭中活下來，克服了海妖、獨眼巨人、女海妖施庫拉（Scylla）、怪物卡律布迪斯（Charybdis）與其他難關。奧德修斯奮力返家後，便發現有一百零八名敵人在他房子裡過著奢侈的生活，還消耗著他的資產。需要施點伎倆才能奪回妻子。他偽裝成一名年老的乞丐。

或許是意識到這名乞丐是她的丈夫，也或者只想繼續拖時間，潘妮洛普設計了一場力量考驗，以解決她所面對的無正解難題。首先，她跟追求者說，你必須拉得開奧德修斯的弓，然後還要一箭射穿十二把斧頭握柄上的孔。她說，通過這兩項，我就是你的了。

那群追求者，真是可憐——沒半個人壯到能把弓拉開。潘妮洛普似乎注定要孤獨終老。但那名我們都知道是奧德修斯的老乞丐也要參加，隨之而來是這群追求者一陣怒罵與嘲弄。這個佝僂老人怎麼可能拉開偉大的奧德修斯的弓，何況他們之中也沒半個人拉得開？但潘妮洛普說，好客之道就是讓乞丐也有機會一試。宣布完後，她就起身離去，回到自己床上哭著入睡。她為失蹤已久的丈夫而哭泣，可能還沒發現活生生的他就在樓下。

追求者嘲弄又譏諷這名衣衫襤褸、以為自己能完成挑戰的流浪漢。對奧德修斯而言，拉開弓的難度，就跟馬克・諾佛勒（Mark Knopfler）[1]更換吉他上的斷弦差不

1　譯註：英國吉他手，二度入選《滾石雜誌》史上百大吉他手的名單。

多。接下來，可能只是想多露一手，奧德修斯又完成了妻子的考驗：一箭射穿十二個斧頭握柄上的孔。這些追求者知道自己麻煩大了。奧德修斯、他的兒子鐵拉馬庫斯（Telemachus）與兩名忠僕殺了那一百零八名追求者，他們自己則幾乎毫髮無傷。一種敘事類型就此誕生：一小群正義的化身克服了巨大困難，最後平安活下來。

潘妮洛普看似荒唐的拉弓考驗，目的其實是想找出與最佳人選特質最接近的人。她剛好就這麼幸運，確實得到最好的結果。但這種好運不是天天都遇得到，我不會抱這種希望。

從潘妮洛普的故事，我們能學到什麼？

就算沒有里昂哈特·歐拉（Leonhard Euler）那麼強的數學能力，也沒有以你姓氏首字母來命名的超越數（transcendental number），但是取得有望結婚的對象的相關資訊，再運用資訊來決定要跟哪個人結婚，這是很好的想法。不必讀過《美國科學人》也能知道，無論海裡有多少魚，要逐一認識每隻魚是不可能的。因此，可以考慮訂出若有若無甚至於明確的止步規則（stopping rule），換言之，對何時該認真下結婚的決定，要有個粗略的設想。

多數人清楚，我們想結婚的對象不一定都想跟我們結婚。多數人也明白，拒絕某人可能冒著未來兩人不再有發展機會的風險。我有位朋友在小孩還小的時候，就帶全家進行一趟划獨木舟且要在外過夜的長程旅行。旅途中，要決定在哪裡過夜的時候，他把這個任務交給小孩。他希望他們學會，最好（best）可能會成為還好（OK）的敵人：想等到遇見最理想的島、上去紮營過夜，可能會冒著夜宿岩岸或整晚沒得睡的風險。等著最好的伴侶出現，到頭來說不定只能跟最後一名追求者妥協——或第一百零九號，又或是更後面出現的人。

但從潘妮洛普的難題，以及試圖化解此難題的數學解法裡，我們所得到最寶貴的教訓，其實更該稱為反面教材。用數學來計算跟誰結婚的問題看似優雅俐落，但對過好人生而言，卻不甚理想。面對無正解難題，追求完美就不對了，無論是追求最佳職涯、最好的大學、最好的配偶、最好的什麼，都不該如此。

就某些我們面對的難題來說，什麼是「最好」相對容易判斷。當丹・吉爾伯特筆下的無恥享樂主義者試著以消費者的角度，做出能獲得最多快樂的選擇時（買哪雙鞋、住哪間飯店、今晚看那部電影、把哪種龍舌蘭倒入池畔的瑪格麗特調酒中），可以求助的輔助工具很多：亞馬遜（Amazon）的推薦系統、IMDb網站的影評、貓途鷹（Tripadvisor）和《剪線鉗》（*Wirecutter*）[2]網站。雖然沒有什麼是絕對的「最好」，但在挑鞋子、飯店、電影、龍舌蘭，以及生活中最狹義功利主義的選擇時，我通常能得到接近最好的結果。

但何謂最佳配偶？我指的「最佳」並不是世界上最好的人，而是我有辦法認識，而且也願意成為我的伴侶的最佳人選。用數學來計算潘妮洛普難題，沒有考量到其中最難的部分。因為那假定了潘妮洛普在跟四十位追求者約會後，就能確認誰是前四十人中「最佳」的那一位；在我重述的版本裡，那個人是伊拉圖斯。但這到底是什麼意思？她怎麼可能知道自己約會的前四十個人裡，誰才是最合適的丈夫人選？

如果給我兩種口味的冰淇淋，我通常能說出喜歡哪一個口味。給我兩種旅遊類型二擇一——好比去海邊或到山上出遊——我能告訴你自己比較想去哪裡。給我兩個可能結婚的對象，讓我跟他們分別共度一段時光，我或許能說出誰比較適合我。但這比較類似對無正解難題的隨意猜想，而不是某種確切的答案。這裡面沒有什麼科學可言。

人類不完美、有瑕疵、難相處，有時甚至讓人受不了。這世上絕對有比你現任伴侶更聰明、體貼、外表吸引力更大、更有趣、對你的錯誤更有耐心的人——這份清單可能沒完沒了。

但幾乎只有很少、很少數（甚至不存在）這樣的人，具備上述所有特質。在現任的戀愛對象和比較可愛但又比較笨的追求者之間，我要怎麼選擇？或是和我有更多共同嗜好，但比較不來電的對象呢？把自己會在乎的特質相互權衡比較時，應該怎麼分配各項特質的權重？

2 譯註《紐約時報》旗下的商品評論網站。

「最好」這個詞暗示存在著純量——單一面向的測量法，也就是有個數值讓我能比較兩個選項。一如康納曼所建議的，在決定要錄取誰補上職缺時，這不是最糟的做法。但選擇人生伴侶就比較複雜。人生伴侶是由個性、美德、惡行、優點、缺點所組成的終極矩陣。一名人類。另外，隨著時間過去，你從這個矩陣獲得的感受會有所變化，因為理想上你會跟著伴侶一起成長。在婚姻中，你關心的目標不會只有一個。

所以你不僅不知道最好先考量過多少名追求者（雖然我們可能都會同意，這數字應該要小於一百零八），也沒有明確的方式能為「最佳人選」下定義——無論是要當「標竿」或最終人選。

對這個論點最常見的反應是：「對啦，對啦，當然找不到最好的人。但目標是盡可能接近『最好』的人，是吧？」在許多領域也有類似的爭論——某論點指出，你最好盡可能做到量化，哪怕沒辦法十全十美。但這種論點的假設是，就算已意識到此方法有其缺陷，你也不會被測量方式的精準性給誘惑。沒錯，「完美」是「好」

的敵人。但近乎完美可能也很危險。

你可能會回答說，對只能算還好而非優秀的人「妥協」並感到滿意，這樣子不對。事實上，我要說的事情還更不中聽。我不是鼓勵你妥協，我是告訴你：就應該妥協。最好的配偶／伴侶／職業／城市不存在，並不是因為很難找到，而是這樣的概念毫無意義。

社會學家司馬賀（Herbert Simon）提出一種洞見，他認為最佳化（找到最好的結果）是超過人類極限的。我這裡所謂的「妥協」跟司馬賀所謂的「足夠滿意」（satisficing）很接近，這個字結合了滿意（satisfying）和足夠（sufficing），意指在我們有限的知識範圍內做到最好。在正規的模型裡，足夠滿意有其最低門檻——比如至少要跟伊拉圖斯一樣好——以免為了追尋最好卻勞而無功。但一般而言，「足夠滿意」的確是我們所能期待最好的選項，哪怕我們只在乎狹義功利主義因素也一樣。

對於妥協的恐懼讓我們動彈不得——這可能變成不下任何決定的藉口。但其實「妥協」也不是正確的用詞。妥協代表願意接受比較差的選項。然而在面對婚姻或各種無正解難題時，很少會出現較差的選項。在我們眼前的，是某個選項的一些方面比其他選項好，但又有另一些方面比較差。一些人口中所謂的「妥協」，只不過是意識到選擇的時候到了，而且沒道理認為還會出現更好的選項。這不是妥協。這是選擇。

就婚姻而言，「完美」真的是「好」的敵人。為什麼婚姻那麼難？我們不會因為不確定自己找到最適合生活的城市與否而不斷搬家。但有時候，不願意跟某人穩定走下去，就是唯恐還能找到更好的對象。或是更麻煩的難題：我們害怕婚配對象並非我們一直以為該與之結婚的人，亦即對方身上可讓人感受到的品質（perceived quality）跟我們心目中認定的品質相符，先不論這裡的品質到底是什麼意思。

要解決跟誰結婚這道無正解難題，應用程式或演算法可能幫得上忙。像 Match 和 eHarmony 等網站都試圖找出彼此相配的人。我曾短暫擔任 eHarmony 顧問理事會的成員。有位內部人士最近跟我談到尋找理想婚姻伴侶的問題。

他的觀點是，eHarmony 強大的演算法看似能用問卷結果幫你找到良好、甚至最好的現有配對人選，但這並非成功的關鍵。關鍵比這簡單得多。配對成功是因為參與配對的人都認真看待結婚這件事。頗為繁瑣的必填問卷和問卷上的各種問題，是用來篩選出認真想結婚，而非只想約會的人。對任何想結婚的人而言，這是很有用的洞見。如果你渴望結婚，就試試跟認真要結婚的人約會。「要跟誰結婚？」說明了無正解難題有多麼複雜。你無法預期，某人的存在會讓你未來的日常生活有什麼樣貌。即便能預料日常生活中有對方存在的情況，你也無法預期自己決定中的「豐盛」面向為何——你會不會喜歡成為配偶之後的你，尤其是成為這個人配偶之後的你。

那現在該怎麼做才好？現在這個時代，我們通常會去主動尋找愛情，並想像跟誰在一起會最開心。但是豐盛呢？心中不忘豐盛這一點，對於選擇人生伴侶會帶來怎樣的幫助？

以下是思考這類無正解難題的一種方式；可能也對選擇配偶以外的其他難題有助益。

假設你有機會在羅馬待三週，而且你相信這是遊歷羅馬城的唯一機會。你知道，羅馬有很多不同凡響的博物館、令人讚嘆的戶外雕塑，以及不知怎麼保存下來的古代遺跡。有超棒的食物可以吃、美味的酒可以喝、狹窄的巷弄可以探索。

除了這些標準的觀光客行程之外，你想要花點時間毫無目的走走看看，當個所謂的漫遊者（flaneur）。但絕非腦袋空空，而是邊走邊進行思考——去欣賞照在古羅馬競技場遺跡壁上的晨光；站在橫跨臺伯河（Tiber）的橋上，碰巧還有人划船經過橋下；在西班牙階梯（Spanish Steps）欣賞夕陽——徹底享受羅馬的一點一滴，也感激有親眼見識這座城市的機會。

你當然想要有一段美好時光，但你也希望這趟旅程能帶來收穫：學到關於這座建城超過兩千年的城市歷史，或許同時也獲得些許心靈上的體驗。雖然你不是歌劇迷，你也想知道在前往威爾第（Verdi）與普契尼（Puccini）的國家之前，自己是否能學會欣賞歌劇。

在規畫旅遊行程時，你很沮喪地發現，身邊去過羅馬的人都難以用言語形容他們心目中這座城市的特殊之處。請他們提出任何具體建議都有點為難人。你在Google輸入「羅馬」，只找得到紐約州羅馬市。在亞馬遜網站上也沒有關於這座城市的旅遊指南，而你家附近圖書館還只能找到一本寫於一九四〇年代、內頁都是黑白圖片的相關書籍。你現在該怎麼做？你對自己的理性很有把握，但是對於在羅馬能做哪些事，以及你會不會享受那些體驗都一無所知，這樣又要如何理性決定羅馬的行程？

人生就像在沒有旅遊指南可參考的情況下，要規畫一趟羅馬之旅。

哪怕你只介意來到地球那短暫的時光中，自己能不能過得快活，你仍舊難以預期哪些是會帶來快樂、愉悅與滿足的事。而多數人關心的遠不只是快不快活。我們想找到目的與意義。我們想要做對的事。我們想要有歸屬。我們想要美好人生。我們想要豐盛。

你無法預期自己會享受哪些事物，也絕對無法想像在狹隘的日常生活體驗之外，某些足以定義我們身分、更深層的那種愉悅。

首先要面對你的無知。無正解難題並非那種有答案的難題。這不打緊，甚至比不打緊還更不成問題——那樣很棒，會像第一次也是唯一一次造訪羅馬的體驗。當然，有些人會希望有人能提供羅馬旅遊的包套行程，一台遊覽車就能按著既定行程造訪熱門景點。但我們大多傾向自行探索我們覺得自己喜歡，以及我們可能會喜歡上羅馬的某些地方。比起按表操課，你難道不希望得到驚喜嗎？更何況也沒什麼好先安排的，因為根本就安排不了。

但在抵達羅馬卻沒有旅遊指南時，你會怎麼做？

或許可以考慮一種方法：跟某人一起旅行；旅途中有了這個人，探索羅馬的收穫也因而更加豐富。在你們造訪古羅馬競技場之後，可以互相討論分享。在前往佛羅倫斯的一日遊中，你看到米開朗基羅大衛像的喜悅，會有另一人相互共鳴，美好更是加倍。

誰會是一名好的旅伴？某個你喜歡有對方陪伴身旁的人。某個與你的飲食、博物館與歌劇品味相同的人。如果你想知道自己能否學著喜歡上歌劇，那麼那個人也要跟你一樣有這種好奇心。如果你討厭博物館，你可能就不會跟想在梵諦岡待個兩天的藝術迷一起旅行。

再怎麼盡善盡美的旅遊指南，也無法告訴你應該跟誰一起旅行。如果可以的話，就跟你最好的朋友結婚，那個人得是跟你有話聊，不說話也能安靜相伴的人。那個人要心地善良，而且要是能對你認為重要的事物（你的價值觀與原則）抱持同感的人。去找那個讓你尊敬、對方也尊敬你的人。去找能讓你心花怒放的人，不管是以「愛」或「化學反應」的名義，都可以。這不只是夠好而已，是棒透了。你要找的不是最好的伴侶，而是要找到那個能陪你探索生命、跟你共享人生旅程的人。或許，你還能找到懂得尊重你的不完美，但同時又讓你渴望自我成長的人。

把「傳統」放在心上也是不錯的想法。我想現代人大多對傳統不屑一顧，視之為一種迷信。但反過來想，把傳統當成經過時光考驗的事，也不失為好主意。並不是留存至今的所有事物都有價值，你或許不該對傳統俯首帖耳，但當成某種出發點不是壞事。

照這麼說來，要找一個跟你很像的結婚對象：有相似背景、相同宗教信仰或都沒有信仰、有幽默感等等；你不該因為這很老派就立刻否決。有時新潮就是比不過老派。

這個概念來自於G. K.切斯特頓（G. K. Chesterton）[3]的洞見，名為「切斯特頓的柵欄」（Chesterton's Fence）。當你碰上莫名其妙的情況——荒郊野外出現一個毫無意義的柵欄——你可能會很想推翻它。但在這麼做之前，你應該試著找出柵欄設在那裡的原因，也許背後有個不明顯的原因或目的。許多無正解難題也是如此。結婚生子可能不適合你，跟價值觀相近、出身背景相同的人結婚，可能對你毫無意義，但這是世界上長久以來的常態。或許還是要避免不假思索，就直接拆掉那道柵欄。就算是你無法領會的行為，可能也並非毫無道理。

達爾文最後確實選擇走上傳統的道路。他不僅無視他的成本效益表，選擇了結婚，也沒花大把時間尋找最佳妻子人選。他和一個與他背景和經歷非常相似的人走入婚姻。

在日記中寫下「結婚——結婚——結婚。因此得證。」後，達爾文並沒有尋遍一百零八個選項。當時是十九世紀，時代不一樣。在這場關於婚姻的自我對話之後過了一年，達爾文跟他的大表姊艾瑪．韋基伍德（Emma Wedgwood）結婚，明顯是想待在他本來的環境。兩人結縭超過四十年，直到達爾文一八八二年逝世為止。他們育有十名兒女，七名活著長大成人。

婚姻後來對達爾文帶來什麼影響？

結婚二十年後，達爾文出版了《物種源始》（*On the Origin of Species*）。婚姻生活邁入第三十二個年頭，他出版了《人類的由來》（*The Descent of Man*）。與此同時，他還出版了關於蘭花、蔬菜耕作土壤與食蟲植物的專書，另外還寫出祖父伊拉斯謨．達爾文的傳記，以及一本自傳。可惜了——要是沒結婚，他可能大有可為。

這個玩笑話掩蓋了「沒有所謂正確選擇」這件事實。達爾文可能會跟一個令他

3 譯註：英國作家、文學評論家暨神學家。最著名的作品是《布朗神父》系列推理小說。

人生悲慘的女人結婚；婚姻可能會奪走他用來鑽研偉大科學的寧靜時光，而當時的社會氣氛可能也不容許離婚。在一封寫給友人的信中，他提到小孩生病自己就無法工作，而且他擔心是否已將某些類型的慢性病傳給了子女。幾個孩子早夭也造成達爾文很大的痛苦。

婚姻與為人父的負擔原可能會影響達爾文的歷史地位；阿爾弗雷德．羅素．華勒斯（Alfred Russel Wallace）[4]本來有機會更出名。最終，達爾文的成就還是很不錯，雖然他的科學觀點與太太的宗教觀導致兩人後來的婚姻關係相較於早期，變得更為複雜。

跟培根不同的是，達爾文似乎找到一個好伴侶，還意外協助他創造豐盛。達爾文在自傳裡談到太太善良的為人，他總結如下：

> 我為自己的幸運感到不可思議——各方面人格修養都比我優越的她，竟同意成為我的妻子。在我人生中，她一直扮演智囊與為我鼓舞打氣的角

色。若沒有她，我的人生將會因疾病而長時間深陷悲慘之中。她贏得身邊所有人的敬愛。

達爾文的確離開了倫敦，後來也很享受鄉村生活。他不只在沙發上與女性閒聊，他的日常作息還包含艾瑪．達爾文每天會為丈夫朗讀書籍好幾次。顯然達爾文也很享受其中。

但我認為他與艾瑪結婚的意義，不僅在於一連串歡樂的生活體驗。一八三九年一月，也就是婚前一週，達爾文寫信給艾瑪．韋基伍德，他明確表達了自己不只希望結婚，還希望成為比單身時的他更好的人。達爾文將未婚妻視為要陪著他走過人

4 譯註：英國博物學家、探險家。他在一八五八年構想出「演化論」，寫成論文後寄給達爾文。巧的是，達爾文其實十幾年前也已經在思考「演化論」的理論，並撰寫成書，只是遲遲未正式發表。華勒斯的這份論文促使達爾文決定將先前完成的稿件加以摘要，再與華勒斯的論文共同於一八五八年七月一日的林奈學會發表。達爾文在隔年也出版《物種源始》。世人現在比較知道達爾文與演化論的關聯，所以作者才會認為「阿爾弗雷德．羅素．華勒斯本來有機會更出名。」

生旅程的同伴，而這麼一來，人生會更有意義——比他自己對科學真理的追求更有意義，因為有人能陪伴左右。或許是經過成長或追求對象的試煉，此刻的他已理解到，自己替婚姻所列的成本效益表是不完整的。

在信一開頭，達爾文就希望他能靠結婚而「漸漸變得較不野蠻」。他繼續寫道，「我想你將讓我更有人性，不久後也會讓我明白：較諸建構理論，以及在寧靜與孤獨之中積累事實，還有其他更大的幸福。我親愛的艾瑪，我誠摯祈禱，你不會後悔**那個**週二要完成的大事——要我說，是美事一樁。我親愛的未來妻子，上帝保祐你。」

達爾文絕對沒找到最好的太太。會那樣尋找的愚者是窮忙一場。不過，他確實覓得了有助於他活得豐盛的夥伴。

將馬汀．賈德納的《美國科學人》難題應用在個人生活中，還有另一個問題：那是假設你求婚的對象都樂意接受你。在現實中，很少人有這種福氣。潘妮洛普有一百零八名追求者，而多數人有一個人追求就很幸運了，何況有時那個人還未必合適。

因為探戈要有兩人共舞才行，所以許多人終身未婚，他們從未找到好的對象。這在現代尤其如此，因為早婚的傳統早在幾十年前就已消失。友情——而非婚姻——是創造豐盛的另一種途徑。我許多未婚的朋友培養了非凡的友誼；因為他們沒有配偶、子女，所以有更多時間能撥出來給朋友。他們也全心全意成為好朋友、好叔伯，以及好阿姨、好姑姑。與許多已婚夫妻相比，未婚人士的友誼成為他們人生意義與豐盛的更大來源。

許多人會同意，友誼與家庭是人生意義的深層來源。但是該如何與朋友和家人互動，是一種很特殊的無正解難題。這當中沒有婚姻和育兒關係那種戲劇性，但我們分配時間的方式，以及我們做選擇導致的結果通常都難以預期。這件事之所以是一種挑戰，不是因為具戲劇性，而是因為很多東西都難以預料。「這對我有什麼好處？」的問題，很大程度影響著我們的時間分配——我們很輕易就告訴自己，可以晚一點再跟家人或朋友相聚。畢竟他們一直都在——反正是我們的朋友與家人。

對於工作與追求職場成功的投入，讓我們和這些人之間關係變得疏遠。面對家人，我們可以合理化自己花更多時間在工作上的行為，因為我們告訴自己，這麼做不是為了自己，而是為了他們——努力工作獲得升遷或加薪，最終會帶給家人好處。我們也合理化那些不跟家人一起從事的休閒活動，無論是打高爾夫球、看足球賽，或在手機上消磨時間。我們告訴自己：我們需要休閒，因為這是一種放鬆方式，這樣能讓我們成為更理想的朋友、配偶與家長。我們很容易受到這些娛樂的誘惑——這些事都在耀眼的路燈照射下。我們自然而然把自己視為宇宙的中心。要怎麼樣才能記得朋友與家人的重要性？

我們每天都要面對如何與旁人互動的問題。我們想要成為怎樣的朋友或同事？這個問題並不像求婚或生小孩那樣有戲劇性，但我們扮演怎樣的朋友、父母與同事角色——我們怎麼對待身邊的人——定義了我們是誰。儘管與較戲劇化的人生決定相比，這些定義幾乎是在不知不覺中，經過漫長時間才會緩緩顯露。我們每天都可能將身旁的人視為獲致豐盛的途徑，或是取得更功利式的幸福的手段。這兩股力量通常會相互競爭。在下一章，我要探討你該如何思考上述這種競爭，以成為理想中的自己。

第8章 如何不只想到自己

有句出處不明的格言：「如果你想要走得快，獨自上路。如果你想要走得遠，結伴同行。」我從來都不介意獨自上路。我跟太太都具備詩人達娜．喬伊亞（Dana Gioia）所謂「獨處的能力」。在現今這手機應用程式與螢幕搶占注意力的世界，獨處仍是值得培養的能力。但若是較長的旅程，我太太跟我都喜歡彼此的陪伴。當然這項原則也不僅適用於婚姻關係——許多讓身為員工、義工、快樂玩家的我們感到快樂的事，都是因為那是跟別人共同參與的緣故。通力合作的重要性被低估了。

與他人相處融洽——當個優質的朋友、配偶或同事——是你我每天都要應對的無正解難題；在「工作或獨處的渴望」及「身邊的人想要與我們共處的渴望」之間，我們試圖取得某種平衡。專注於「豐盛」這件事能怎麼幫助我們處理這種緊張關係？我們要怎樣成為更理想的朋友、配偶與同事？

有個很好的起點：不要只想到自己——意識到你不是宇宙的中心。這需要某種程度的自我覺察，也就是意識到你的行動與話語會如何影響到他人，以及你會帶給旁人什麼觀感。要做到自我覺察，可以透過治療、冥想、宗教，抑或哲學或文學的閱讀。

在最好的情況下，宗教與冥想不僅使我們與自己內心有所連結，還能接觸到超越自己、更為宏遠的境界，會帶給我們超凡的體會及歸屬感。但在最糟的情況下，信仰宗教與進行冥想可能讓人陷入某種自我陶醉和自戀、某種自我耽溺和自我中心。我在這裡要談的自我覺察有些不同。這裡說的是，我們要覺察到自己的言論與想法常出自於下意識。稍早發生的事，或者與他人互動的慣性演變成某種難以跳脫的積習，兩者都可能按下我們內心的自動反應鈕。

舉例來說，經過長時間磨合後，婚姻中的其中一方可能會出於本能對另一方的發言產生全然下意識的回應，日子一久習慣就這樣形成了。在最好的情況下，冥想或治療或宗教能做的，是讓你在回應前先稍微打住。暫時打住一下有助於你理解，要精準掌握當下真實的狀況，言語並非永遠可靠。這麼做也會提醒你，你其實跳脫得了可能不斷循環反覆的腳本。這也能提醒你，你的本能反應是受到內心的恐懼、渴望與需求牽動的結果。稍微打住能夠提醒你，你可以走出慣性反應，做出更體貼或周全的回覆。透過練習，就能把你的慣性打磨得更好。

培養這種自我覺察會碰上的挑戰之一，是它不會自然而然發生。採用狹義功利主義的生活方式又會讓自我覺察變得更難。如果總是在問，這對我有什麼好處？——我能有什麼利益？那有大於我付出的成本嗎？——我就更難去注意到自己與他人的互動方式，以及自己的行為或許沒顧慮到他們對我的需求。

要如何打破不斷重複、像是開啟自動駕駛模式的腳本，即扼殺、毒害我們關係的腳本？我們能怎麼重寫自我的敘事（或也可稱為我們的人生故事），好讓我們不只想到自己？我們很習慣把某些敘事投射於自身——受害者、英雄、超級巨星、輸家，以及沒那麼極端的各種角色安排。

我們必然自視為親身演出某場實境秀的主角。身為主角，你面臨許多人生的重大決定——要住在哪裡、做什麼工作、跟誰結婚等，也就是你生命中的無正解難題。一路上，就如任一齣精采戲劇那樣，我們的人生會有種種老套和意料之外的事件介入，故事因為情節轉折而有趣。可能是生病、屬意的工作機會落空、期待愛苗滋長卻遭對方拒絕。又或者你意外獲得了榮耀；朋友創業並向你提供你未曾預期的工作職位；與朋友出遊後，友誼醞釀成愛情。

上述種種經歷會讓你堅持、放棄；歡笑、哭泣；翩翩起舞、呆坐場邊；計畫、籌謀；心生盼望、懷抱夢想。你在心裡想著過去的榮光，以及未來可能獲致的成功。當故事出現好的發展，你為自己慶幸；但有時候（不會一直如此），你會想起比較慘澹的某幾集情節，甚或一整季的每一集故事都不怎麼令人開心，因為哪怕傾盡全力，結果還是不如你預期。「過去」是不斷擴充的故事庫——你邁向未來時帶在身邊的回憶，而「未來」則要容納所有你希望打造的故事。

因為我們天生在乎自己甚於在乎他人，所以就會有一齣名為「我生命的故事」的內心劇場，它在人心中的螢幕全年無休不斷上演。把自己視為這齣戲劇的主角、身邊其他人只扮演配角，這件事理所當然。

這種敘事在我們大腦裡無所不在，因而影響到日常中的生活體驗。這是我們對發生於自身的事情，以及我們希望未來發生的事情的理解方式。這些敘事必定不完整。身為編劇的我們傾向將內心的敘事焦點全放在自己身上，而這麼一來，敘事就不一定準確。

亞當．斯密意識到，我們對自己的看法不會一直和真實的自己一致。

> 旁人說，他是名膽大的外科醫生，他連在自己身上動手術時，手都不會顫抖；而他往往也大膽、毫不猶豫就揭開自我欺騙的神祕面紗，正是「自我欺騙」遮掩了他眼中自身品行的缺陷。

身為自我敘事的作者，我們往往對直視主角的實情感到掙扎。「自我欺騙的神祕面紗」難以揭開。

過去的人可能會將他們視為「自己」這部小說的作者。而我們現代人接觸更多影視化內容。所以從我的觀點來看，我的人生就像《楚門的世界》（*The Truman Show*）這部電影，我扮演的是楚門的角色，但觀眾少很多。事實上，只有一名觀影者：我。我既是主角，也很可能是以此角度看待這個故事的唯一人士，但多數時候我沒注意到這點。我太忙著思索腳本與過去的集數，還有這個系列作若要繼續拍的話，我也想著未來要製作的新集數。

但世界上也有思考人生的不同方法。我指的不是對自己訴說自身故事這件事，因為這跟人自我中心的天性同樣與生俱來；我指的是「主角是誰」的設定。如果自視為實境秀主角，而身邊的人都是配角的話，你必然會錯失人生中重要的大半精華，以及身在其中的你所能扮演的角色。

將自己視為主角這種天生的衝動，當然會把較不重要的角色分給身邊的人。試著想像由國中生來搬演《窈窕淑女》（*My Fair Lady*）劇碼。這部音樂劇的導演跟班尼迪克．康柏拜區（Benedict Cumberbatch）是高中同學，而且不知怎麼就成功說服他參與演出，而他的角色是伊萊莎．杜立德（Eliza Doolittle）的父親：清道夫阿爾弗德。

阿爾弗德並非這部音樂劇裡的明星角色。但他有機會唱兩首很棒的歌——〈但只要一點點運氣〉（With a Little Bit of Luck）與〈把我準時送到教堂〉（Get Me to the Church on Time）——還有幾句精采的台詞。讓班尼迪克．康柏拜區跟一群中學生演這個角色，一定會成為多數學生難忘的經驗。而班尼迪克也能藉此為自己的腳本加入幾個好故事：「告訴你，有一次我幫以前哈羅公學的老朋友一個忙……」

你會怎麼描述班尼迪克．康柏拜區與這群中學生的關係？他們一定會大受震撼，也敬畏有個真正的演員和名人來演出這齣劇。簡單來說：關係會是疏遠的。他們不在同一個世界。也因為兩個世界距離太遙遠，就不可能真的發展出關係。當然在某些方面他們會有共同點，畢竟是演出同一部戲，也共用同一套布景，甚至在台下也能有一些對話，但他們無法真正進行有意義的交流。在明星與其餘演員之間，有著太大的鴻溝。當康柏拜區在台上或甚至在台下時，他真有辦法展現最真實的自己嗎？這難以想像。跟一群中學生在一起，他能表現得多真誠？

我認為某種程度上這個例子證明了，把自己當成我們人生故事中的主角有多荒謬。我們與其他人會有共同感受，但並非在全然平等的基礎上。若一個不小心，「我的感受如何」就會凌駕於「你的感受如何」之上。若一個不小心，就會過於放大「別人會怎麼影響我」，而小看了「我會怎麼影響他人」。哪怕我的角色只是背景合唱團的一員，我勢必仍會讓自己的角色看起來比實際上更重要。我勢必多看重自己那麼一些。我勢必會低估你的角色，也難以記住：在與我不同的人生裡，你也有自己的情緒與小劇場。很難不洋洋得意、故作姿態，外加用稍嫌過高的音量講出自己的那麼幾句台詞。

把自己看成主角不代表你是自戀狂。如果你很謙虛、害羞，通常你依然會是某部持續更新的迷你影集的主角。只不過那部迷你影集的主題會是謙虛、害羞的人面臨的挑戰。就算是我們當中最謙虛、害羞的人，也在所難免傾向關注內心那些由自身經驗、針對過去扭曲而不完美的記憶所占據的核心部分。

我想提出另一種過人生的方式。

為了幫助你理解替代方案，請想一想某部情境喜劇或系列影集的群戲演員（ensemble cast）。比方說，《六人行》（*Friends*）影集中就沒有明星，也沒有主角，只有人生際遇相互交織的一群人。你想到的劇也可能叫《辛菲爾德》（*Seinfeld*）[1]，但他也不是唯一主角，劇中有四名主要角色。劇情是這些人之間的關係，而不光是傑瑞的人生怎麼發展。或者也可以想想電影《愛是您，愛是我》（*Love Actually*）。這部片卡司眾星雲集，但沒有人是電影主角。片中故事是關於愛情及人與人的連結，並非某一個中心人物的冒險故事。

或者想像一下你跟舞伴進到舞池共舞。你會抱什麼心態？或許是從共舞中盡可能創造自我滿足的機會。你的目標可能是讓大家注意到你、對你的舞技感到驚豔，繼而獲得眾人的掌聲與尊敬。你可能會認為，舞池根本就是個競爭之地，而你的目標是要讓其他舞者相形失色，藉此來提升地位。許多人都像這樣在人生中起舞，這種態度沒什麼大問題，只要你不去想著絆倒其他競爭者。

或者，你可能會選擇為你的地位與表達自我的能力賦予更高尚的意義：希望讓舞伴散發光彩，或是讓舞池裡所有舞者的體驗都更佳。你可能會聚焦於成為比自身更大的理想的一部分，以意料之外且令人愉悅的方式，在其他舞者四周穿梭。

當你在舞池表現圓滑、行為得體，把其他人——舞伴和其他組舞者——放在心上，你就可以選擇要怎麼看待跳舞之前、當下與之後的體驗。你可以為自己無私的行為感到驕傲，或也可以用更全面的角度，將自己視為更大的理想的一部分，也就是得到更完整、與他人連結度更高的體驗。

我們能夠選擇自己感知與構築日常體驗的方式。其中一種是將人類的本質視為相互分離、英雄主義和孤獨的存在。另一種則是視人類為相互連結、有某種歸屬，

1 譯註：較常見的譯名是《歡樂單身派對》、《宋飛傳》，主角之一的姓名是傑瑞．辛菲爾德（Jerry Seinfeld）。此處為呼應原文邏輯，保留劇名直譯。

而且這種歸屬感也是個人體驗中的核心。針對體驗之前、體驗當下與體驗之後的經歷，我們的構築方式，也會改變種種日常體驗要怎樣成為我們自身的一部分。

如果把自己視為群戲演員的一分子而非主角，你的生活方式會有什麼不同？又該如何將群演的概念付諸實踐？

假設我要跟某個很久沒見面的人喝咖啡。在碰面聊天前，我整理出想分享的幾個故事——或許是某段有趣的經驗或最近剛取得的成功事蹟。一邊聊著，我一邊花很多時間想接下來要說什麼，而且還要確定重點得表達清楚。若這是一場專業交流而非朋友閒聊的話，我很可能會關注這幾點。怎樣才能留給別人好印象？可以讓這人為我做到哪些事？

但即便是與朋友在一起，我也能以直接或間接的方式，利用朋友來達到我的目標。對話結束後，我陶醉於自己所說的故事，同時也慶幸自己表現風趣、能言善道。這種態度很自我中心，就算慷慨將一半的時間分給對方，讓他說的話不少於我也一樣。

聊天還有另一種進行方式：別把它想成某種輪流獨白，而是真正有來有往的對話。這種自然而然成形的體驗會朝向意料之外、超乎預期的方向發展。我認為，這會更像即興演出——一種靈活有生命力的藝術，而非事先寫好腳本、預先準備的對話。

當然，跟朋友聊天，我或許會想分享自己最近發生的事，而且那還可能很重要。但我不想把注意力過度放在這上面，以致排擠了這次聊天的其他面向。別帶著行程表去聊天。與其靠一份先準備好的劇本，還不如一邊聊，一邊找到想談的事情。

別為自己口若懸河而得意，應該享受能與另外一個人互動的經驗。不妨看看沒有任何預期目標的閒聊，也未事先計畫聊天方向的情況下，會發生什麼事。全神貫注在談話對象身上，別去想接下來要說什麼。

與其把朋友與家人視為幫你達到目標、增加效用的物品，不如視之為你要為對方付出心意的夥伴——彼此的互動順其自然，沒有特殊意圖。把這種互動機會看成一場探索與冒險，而非寫好腳本的一齣劇，讓其他人有機會敞開心胸。到頭來，與你擔綱主角的戲劇相比，這種「演出方式」可能更具意義，儘管這表示你得放棄對全場的掌控權。

在某種程度上，這種論點顯然是陳腔濫調——朋友、家人讓生命更有意義，所以要好好對待他們。這誰都懂。但如果誰都懂，我們又怎麼會跟某個子女交談到一半，手機收到一條推播或通知，就忙著低頭查看？在聚會場合與某人說話時，我們的目光為何會越過對方肩頭，尋找現場更有趣的人，或更糟——尋找更能實際幫助我們達成目標的人？為什麼我們常撥不出足夠的時間呼朋引伴，做一些不會馬上為自己帶來利益的事？為什麼我們跟朋友漸行漸遠，流失保持聯繫的機會？為什麼我們看到來電顯示後，選擇忽略那通電話？我們告訴自己：反正是家人！他們能理解的！

但最重要的是，為什麼我們屈服於與生俱來的衝動，自視為主角？如果能將自己跟朋友、家人與同事共度的人生，看成我們有幸參與其中的群演戲，那麼我們就會更善待他們，甚至更善待自己。「善」待這種說法其實不太精確。一個人從日常生活中體會到的韻味將有所不同，那會更豐富也更令人滿意。

在《主人與他的密使》（*The Master and His Emissary*）書中，精神科醫師伊恩·麥吉爾克里斯特（Iain McGilchrist）認為，對於一段經驗，人的左右腦會有不同產生注意力和予以處理的方式。他在我的「聊經濟」（EconTalk）播客節目訪談中，就兩者不同之處提出以下描述：

> 我們的左腦半球善於協助我們在這個世界運籌帷幄，但不擅長幫助我們理解世界。先用這部分的腦，再用那個部分，接著是那個部分。而右腦半球卻有某種持久、範圍開闊、機警的注意力，反而不是狹隘、聚焦、零碎的那種專注。它幫助人類在世上維持一種存在感，一種持續有連貫性的存在感。所以兩種注意力非常不同。

接著，他提到右腦主要處理連結和中介——彼此有所互動的事物的關係。它關注全局而非最細節處。當然這兩部分的腦我們都需要，但要更努力強化讓人感到連結的腦區，亦即會讓人渴望連結的那個部分。因為它在陰影中，讓人難以記住。

強納森．薩克斯（Jonathan Sacks）拉比常撰文討論合約（contract）與盟約（covenant）的不同。合約全是在說對「我」的好處。在合約式關係中，你會計算比較，因為擔心遭人利用。不健康的婚姻與友誼就是這樣來的。

另一方面，盟約是一種承諾。盟約背後的想法：我們是一體的。由於盟約中包含這樣的承諾，你便能接受與他人來往不用再三確認自己有得到「應得的」。你可以享受過程。你遵守承諾，不是因為擔心對方會利用你，而是因為你想當信守承諾又可靠的人。薩克斯說婚姻把愛情變成忠誠關係。這份承諾使雙方不再只在乎自己能拿的好處。

從合約視角看，很容易感覺對方所承諾的付出未達你的預期。從合約視角看，你很容易想像合約到期時，就不再續約。不過是筆交易，或許可以在其他地方找到更划算的。但從盟約視角看，你的朋友、家人不是供你獲取更多利益的物品。他們是你整趟人生旅程的夥伴。

你不該思考和擔心自己能不能從關係中得到足夠利益，而是要享受這趟歷程。如果你很幸運或非常努力，充分看重這份盟約的原則，那麼犧牲就不再是犧牲了。一開始或許會覺得自己做了某種犧牲，但你可以建立一種夥伴關係的慣性，並將這種犧牲變成讓自己滿意的習慣。藉著重新建構我們看待自己生命的方式——少一點英雄形象，多一點群演視角——我們就能成為理想的朋友、配偶與更完整的人。

要做到這點難度高得驚人。但認真朝這個方向努力，能讓你掙脫自我中心的那股引力。我會在下一章提出幾種方法，讓這件事更容易達成。利用群演心態，有部分可幫助你不再只想到自己，能讓你（以好的方式）將自己縮小。你的自我會有一定程度的縮減。你不是宇宙的中心，也不是你所講述關於自己的大型系列故事裡的英雄，甚至不是重要的明星角色。把自己視為群演中的一員後，對於曾經看似不公、而今卻不甚重要的事，你的感覺也不會那麼憤怒了。

在人生的大合唱裡，不要想著當女主唱。把聲量壓低，盡情享受和諧圓融。在人生的舞池裡，留點空間給其他舞者，並且讓舞伴散發光彩。你自然會有衝動想問：「對我有什麼好處？」——試著留意這股衝動。也為身邊的人留一些他們需要的空間，畢竟大家要共同走這一段旅程。

本書很重要的一部分，是關於過度聚焦於自我滿足的危險。真有那麼危險嗎？關照自己的確還是難免，而我只是要提醒：你真正需要的，會比乍看之下的需求更複雜一些。如果只用最狹隘的角度關注自己，就可能疏忽了處於陰影中的重要事物。

面臨無正解難題中關乎道德的兩難時，這一點尤其明顯，那種情境會使人不得不正視自己到底是誰的問題——我們要實踐哪些原則與價值？我們應志在追求哪些原則或價值？又要怎樣保有而非背離這些原則或價值？一旦面對道德兩難，我們就不得不思考真實的自己是什麼樣子，以及我們可能成為怎樣的人。下一章我將檢視道德兩難能帶來的幫助——當狹義功利主義的欲望與更高層次的自我相互衝突時，道德兩難會幫我們找到抵抗前者的方式。

第9章 原則優先

道德兩難是當「豬」與「哲學家」之間的拉扯變得無法忽視時，隨之產生的無正解難題。一時歡快所帶來的結果，可能會威脅到我們的自我認知，並讓我們長久為此付出代價。狹義功利主義常常跟涉及豐盛的人生更高原則有所衝突。

舉例而言，假設你看到地上有個錢包，撿起來發現裡面有兩百美元現金，還有幾張信用卡與駕照。你看看四周：街道很荒涼，四下無人。現在該怎麼做？

在一場線上研討會中，我透過Zoom對大約一百名在精英私校研讀經濟學的高三生提出這個「拾獲錢包」問題。學生的回答幾乎一致：他們認為根據經濟學原理，只要沒人看到你撿起錢包，留下錢包就合情合理。他們解釋說，你可以用這些錢買想要的東西，然後過更好的生活。學生認為，反正沒人看到你撿錢包，所以侵占行為不用付出名譽受損的代價，也不必擔心因為找不到失主，就被人找上門威脅。從他們的視角看來，留下錢包、花光那些錢的行為，不僅讓人垂涎，也很可行，更何況在經濟學的計算裡完全理性。經濟學家阿里爾・魯賓斯坦（Ariel Rubinstein）將理性抉擇定義為：

1. 某人問：我想要什麼？
2. 某人問：什麼是可行的？
3. 那個人就從可行的選項裡，選出心中最想要的那一項。

上面的路徑似乎無可厚非。應該再明顯也不過了吧？學生想必都同意。針對這種人類行為模型，常常會有一種批評：人類執行計算會有漏洞——我們的行為不一致；我們會被不確定性給愚弄；我們抱有偏見。這就是行為經濟學的世界。但更深層的難題在於，只要一個不留意，我們就會在思考自己想要什麼時，想到游泳池與瑪格麗特調酒，而豐盛往往被拋到腦後。

這當然是最狹隘的功利主義，而且不幸的是，有些經濟學家在經濟學課堂上或從事研究時，竟鼓勵這種觀點。他們將我們在狹隘的自我利益考量下想做的事，與我們應該做的事混為一談。但兩者並不相同。

那些學生所忽略的，是幫助別人也可能帶來快樂（而且顯然許多人很樂於助人），若是這樣，以經濟學的定義而言，歸還錢包或許才理性。帶給失主好心情所賦予你的快樂，可能比花掉這些錢得到的快樂還大。

還有第三種人：他們心裡想留下錢包，但認為應該做正確的事，所以仍選擇物歸原主。這種人相信，人生的目標不應只是從經驗中取得相對於痛苦最大量的快樂。有時你選擇做正確的事，其實只是認為應該這樣才對。你對這種犧牲感到哀怨。儘管如此，你還是做出了犧牲，因為你期許自己成為某一種人。你渴望成為誠實的人。

若你對什麼是正確的事不知不覺，那歸還或不歸還錢包對你而言就不是無正解難題——你只需要考慮金錢帶來的好處，以及被逮到後名譽受損的壞處，在兩者間權衡利害。但如果你認為歸還錢包是正確的事，或者隱約感覺這是正確的事，那麼狹義功利主義的考量，就會跟你對自己的看法及自我認知有所衝突。在這個情況下，你該如何選擇？

幾年前的夏天，我跟太太在大提頓山（Grand Tetons）的鄉間度假小屋待了四天。我太太在第三天發現，她弄丟了我多年前送的結婚週年禮物：鑽石耳環的其中一只。我們找遍房間各個角落，也打給那天我們去划船的地方。一無所獲。我試著安慰太太——可以找別的東西替代它；這不是世界末日。但我看出她為此悶悶不樂。隔天早上，我們要換到另一個房間，一開始下榻的房間只有頭幾天可供我們入住。我們出門去健行。那裡的風景讓人嘆為觀止，我們看到了麋鹿，在河對岸的山上看到棕熊。那天很漫長、很累人，但也很有收穫。回到下榻處，我們前往新的房間。進房後，我們在床邊小桌上看到一張紙條：「我在九〇一號房找到這個。不知道是不是你們的。——提歐朵拉留。」

「這個」指的是我太太的鑽石耳環，它靜靜躺在紙條上。九〇一號房是我們住的上一個房間。我們退房後，房務人員打掃時在地上找到這只耳環。她其實應該夠聰明，或也應該夠樂觀，能想到這可能是更早的住客而非我太太掉的耳環。也許失物不是我們的。如果我們說那不是我們的，或許提歐朵拉就能占為己有。

有時我會想像那天早上工作中的提歐朵拉。她喜歡她的工作嗎？討厭它？夏季的每一天，她日復一日打掃、吸地、撢灰塵、擦拭物品表面，而眼前盡是彷彿觸手可及的大提頓山美景；這樣的生活感覺如何？或許工作很苦悶。也或許對她而言，由於打掃要專注於眼前的工作，所以帶有冥想的效果。又或者她的心思飄到了其他地方。她看到腳邊有東西閃閃發亮。她彎腰仔細查看。是玻璃，還是別的東西？

看到鑽石耳環的時候，她第一個念頭是什麼？興奮？開心？誘惑？房間沒有別人。沒人在看她。有信仰的人可能覺得上帝正在看著。但即使提歐朵拉不信上帝，她還是知道有人在看她，那人就是提歐朵拉。發現這個東西的她會有什麼反應？她心中湧現什麼情緒？

把這個小東西放入口袋會是多麼容易的事。把耳環留在身邊的念頭在腦中閃過，或許她甚至也把鑽石耳環放了進去，看看感覺如何。她可能一邊繼續整理房間，一邊思考該怎麼做。她的決定取決於鑽石的大小嗎？在誠實與金錢之間該怎麼取捨？有沒有一種狀況：因為你的犧牲太大，導致「誠實」這件事要價不菲？

提歐朵拉是從其他國家來的季節性工作者。避暑勝地的工作薪水通常不高——某部分的報酬必然是以另一種形式反映出來，也就是能天天享受美麗山景，休假日還能在附近爬山放鬆。她可以輕鬆合理化將耳環據為己有的行為，反正來下榻的房客享有的生活水準，想必都比她還高。她可以說服自己，我們不可能找得到這只鑽石；或者她也可以輕易告訴自己，這是某位已聯絡不上的房客掉的。但她沒有這麼做，她寫了紙條。她把鑽石耳環放在紙條上。

隔天，我太太找到提歐朵拉、擁抱她、含淚感謝她，還給她一份她沒有要求的謝禮，我太太跟我記得是五十美元。你認為提歐朵拉之所以歸還鑽石耳環，是期待擁抱與謝禮嗎？我不這麼認為。

我認為提歐朵拉歸還鑽石耳環，是因為她把自己視為誠實的人——那種無論失物價值多少，都要想辦法物歸原主的人。那種會做正確事情的人。如果將它占為己有，提歐朵拉會覺得背叛了自己。

我沒有跟她聊這件事，但我懷疑，鑽石的價值在她心裡，從未被拿去跟行得正的渴望、為人誠實且自重自愛，進行相互比較。她把自我認知放在優先順位，沒有妥協的餘地，沒有什麼預期成本效益表。或許不論鑽石的大小，她都會做出正確的選擇。

聽到像提歐朵拉這樣，哪怕得付出代價仍願意做正確事情的人，你的感覺如何？你會認為提歐朵拉歸還耳環很呆，誰叫她傻傻聽從宗教或父母的教誨了？放棄本來能讓人開心不已的意外之財，還交還給更富有的人，這樣明智嗎？你對提歐朵拉是尊敬還是同情？她讓房客的假期沒有因為弄丟有意義（同時也有價值）的物品，而蒙上陰霾。提歐朵拉是呆瓜還是聖人？

若以經濟學家的標準工具——也就是功利主義視角——來看，提歐朵拉之所以物歸原主，是由於她所認知的正確行為會帶來快樂；而對她而言，那比鑽石的價值還要重大。在經濟學家的世界觀裡，每個人都「有價」——某人願意為多少金額或別的利益，違背自己的原則。這樣的洞見鞭辟入裡，有助我們思考人類同胞的缺陷，以及我們自己的缺陷。若謹守原則的代價很高的話，一個人一定會為此而掙扎。關於這一點，我最喜歡的一種一言以蔽之說法是：「一個人的行止，取決於他的所在立場。」另外還有另一個版本，是厄普頓・辛克萊（Upton Sinclair）曾說過的話（但可能不是他原創）：「如果某人不了解某事，而他的薪水行情正是基於他的不了解而來——這個道理要他弄懂，可就難了。」如果你有自覺的話，便會理解金錢與非金錢的獎勵及懲罰確實會以某種方式，對你的言行舉止造成壓力。經濟學家在設計誘因結構（incentive structure）（例如補貼與稅金）時，也利用了這種壓力，藉此鼓勵或不鼓勵某種行為。

據一個廣為流傳但真實性可疑的故事所述，英國劇作家蕭伯納（George Bernard

Shaw）在晚宴上問一名美麗女子，是否願為一百萬英鎊跟他回家過夜。她坦承她會想想看。「那好，」他又說，「若十英鎊呢？」「你把我當成什麼？」感覺受到羞辱的她問。「我們已有初步共識了，」他答，「現在只是在討價還價罷了。」

在我的經驗裡，若向別人點出他們是受到誘因所影響——換言之，在下決定時將利害得失納入考量——對方會非常憤怒。「自己能被一筆補貼或夠高的酬勞給收買」，這樣的概念不得人心。多數人的確會在東西便宜時買多一點，價格變貴時買少一點。那麼，有什麼好覺得冒犯呢？

這是因為——就跟那名蕭伯納在晚宴中邂逅的女子一樣——他們更喜歡這麼想：自己的原則與核心價值是非賣品。我們並不只是在價格波動時會重新校正的計算機。當然，現實中人類願意為一定的代價犧牲原則，但一旦要誰正視這件事可能適用於自身，會感到生氣也合情合理。我們不喜歡自己的道德可以標價這種概念。當然偶爾就是會這樣——偶爾我們會出賣自己，甚至於廉價出售。不過，這是缺陷，並非因為這麼做看似合理、有道德，所以也不值得稱頌。

當你的存在本質陷入垂危險境，而且還要做出抉擇時，別去考慮成本問題。要選擇的是保有你的自我認知。不管有多大顆，把鑽石物歸原主就對了。沒什麼利害得失好權衡的。狹義定義下的理性是認為應考慮成本。提歐朵拉為我們上的一課更單純：做正確的事，歸還鑽石。別去想這麼做要付出的成本，也就是賣掉鑽石換得的好處。

班傑明．富蘭克林就決策所提出的建議是，列出優缺點，並從表格的兩欄內容中，找出可以相互抵銷的項目。這只是搞清楚哪個方案最可能導向最大滿意度的其中一種方式。但提歐朵拉教我們的道理更簡單：自我背叛和背離你理想中自己的行為，用什麼都抵銷不了。所以你不能將「失去自重自愛」看成留下鑽石的成本；坦白說，是可以這麼做，但很蠢，因為那是什麼都抵銷不了的。

當達爾文拋開優劣計算，並寫下「結婚——結婚——結婚」時，他認清了成為丈夫的決定，不僅僅關乎已婚或為人父的日常樂趣。當佩爾西．戴康尼斯論及我們「真正追求什麼」、當菲比．安斯沃斯寫下我們「真正想要的是什麼」、當皮亞特．

海恩以詩作探討我們真正的期望，他們全都是要帶出我們被成本效益引發的感受之外的事物。他們在探討我們是誰、我們的存在本質，而不只是日常的生活經驗。

經濟學確實承認，在考量其他選項之前，我們可能會有其他的追求。我們稱之為「辭典編纂」（lexicographic）偏好排序。所以確實，是可以把優先考慮自我認知與尊嚴，硬塞入經濟學理性選擇模型裡，但這也相當於在說，這些原則本就不是模型的一部分。

我們可以想像一種情境：功利主義式的成本效益大到讓自我認知顯得微不足道。如果提歐朵拉有個需要動手術的小孩，但她無法負擔醫療費用，我就能想像，即使感到內疚，她仍會把鑽石留下。我們不會嚴厲苛責她。這麼一來，這個例外反而證明了規則的存在——提歐朵拉的「母親身分」就是與「為人誠實」對抗的核心原則。兩者當中任一原則都會排在狹義功利主義之前。

而我先前提過搬到以色列擔任沙勒姆學院校長的決定，如果接受這份工作代表我得住在一間老鼠成群的破屋子，而且飲食會營養不良的話，那這種看似天職的使命感就不足以讓我決定搬家。但這些都是極端狀況，誰都可以輕易辨識出，這些是能證明規則的例外。

規則很簡單明了：**原則優先**。

你的決定定義了你是誰。只要牽涉到你的存在本質，想都不要想利害得失的問題。以正直完整的姿態活下去，做正確的事、尊重自己。至少這應該是個出發點。對提歐朵拉而言，做人原則就是誠實。不同原則之間有時會相互衝突。那麼更重要的原則：對小孩的愛，就可能排擠掉誠實。

將你的原則擺在日常成本效益之上，不只是在撿到某人弄丟的錢包、或有個高收入但存在道德疑慮的顧問工作機會時，我們得要正視的倫理或誠實德行。原則優先關乎你想要當哪一種人，以及你想成為哪一種人。這關乎即使你有其他事要做，但仍決定去醫院探望生病的朋友。這關乎你急著辦某件事時，仍願意停下來傾聽有話要訴說的朋友。這關乎就算你想到排隊就頭大，但仍決定出門投票。

下決定時，將你的原則——你認為定義了你真實為人的原則——放在狹隘的成本效益之上有兩個好處。

首先是簡單。保有將原則置於狹隘成本效益考量之上的這條規則，就表示你不用花那麼多時間精打細算、苦苦思索。心中有這條規則，就會試著遵循規則。你可能會覺得執行起來很難，但規則已預設好了，在此情況下，你原則上不會去想遵循規則的成本是否過高，也不會苦思不已。只管遵循規則就好。

規則可能是「我一定會物歸原主」，或是「朋友住院，我一定探視」，又或者「我是那種公事纏身、但一定排開工作參加朋友喪禮的人」。（幾乎都是要排開工作才能去吧？不管怎樣，參加就是了。）

在婚姻中，你可能會訂出一些規則：「我是那種忠於伴侶的人」，或是「就算會非常好笑，我也不在外人面前開配偶玩笑」，又或者「我是那種不在公眾場合對配偶發怒的人，哪怕昨天在家我受了些氣，現在還以顏色也是剛好而已」。有時候規則難以遵守，但這是理想目標與應該努力的方向。

當然，在很多情況下，規則其實是沒有必要的束縛，對吧？理性檢視每一條岔路、掂量分別有多少成本效益，不是更好嗎？不容例外死守規則，必然表示得放棄可能的享樂機會。

對多數人而言，這種對比會曲解我們依照信念行事，以及有個想達到的理想，從而採取的實際行為方式。

沒有錯，設下規則的優點是能省去斤斤計較、算出煩人又難以估量的成本效益的工夫。但其實還有更重要的優點，那就是相較於看似理性的做法：逐一檢視各種情況、試圖更徹底計算並衡量成本效益，規則好就好在能防止我們欺騙自己。

我與太太目前住在耶路撒冷某公寓大樓三樓，上下樓可以走樓梯或搭電梯。入住時，我決定設下規則：一定要走樓梯。我幾乎整天都在鍵盤前，哪怕只是一點運動機會，都對我有益處。

我本來可以訂出更「理性」的規則——除非拿著很多東西，否則就要走樓梯。或者除非天氣真的很熱，否則就要走樓梯。想也知道，天氣很熱、手上拿滿雜貨的時候，走樓梯是不智之舉。最極端的情況下，可以想像未來會因走樓梯而獲得健康益處，但在大熱天扛大包小包爬樓梯，卻又讓前者落得無足輕重。

但我很了解自己。如果沒有設規則，每次走到門口決定搭電梯或走樓梯時，我經常會有辦法找藉口搭電梯。合理化每次的決定簡直輕而易舉——昨天沒睡好，所以可以搭電梯；今天有點熱吧？我背包裡又多帶了一本書——結果就是，理想中的我希望少搭電梯，但實際搭電梯的頻率卻高得過頭。沒那麼理想的自己——也就是現在的我，而非我想成為的那個自己——會找理由不走樓梯。

班傑明．富蘭克林很明白這一點，也在他的《自傳》（*Autobiography*）中寫道：「當個**理智的人類**相當利於取巧，因為這樣誰都能為每件想做的事找到理由。」所以要善用規則。每當狹義功利主義跟豐盛有所衝突時，請記得：游泳池代表你不陌生、且誘惑人心的事物。努力記好你的原則，而且要看重這些原則——除非有很重大的理由，否則永遠以原則為優先。

要讓「我們是誰」——我們的自我認知——保持一致，規則很管用。但可能更重要的是，規則有助於我們成為自己可能想成為的人。現在你可能還沒有最珍視的原則，但或許不妨養成幾個。

魯賓斯坦（以及主流經濟學家）對理性選擇的定義，是假設我們的渴望固定不變——在經濟學中也稱為「穩定偏好（stable preferences）」。但就如哲學家哈利．法蘭克福（Harry Frankfurt）所指出，我們人類是唯一會「對渴望懷有渴望」的動物。因此若你沒有良知，也沒有人在旁看著，那撿到錢包據為己有就是理性的。但或許你會感到羞恥。或許，因為你想對自己所屬群體帶來貢獻而非占盡便宜，你會渴望有良知。

就像安格妮絲．卡拉德在她的《論抱負》中提到的，人生不是只關於我們是誰，還關於我們渴望成為怎樣的人。現在的我或許不愛歌劇，但我可能有希望哪天懂得欣賞的抱負。而抱負不光是對異國食物的品味，或想學著欣賞歌劇那麼簡單。我的抱負可能是想成為比現在更好的人。我可能有抱負，想成為更可靠的朋友、更好的父母、更願意付出關愛的配偶或伴侶。與陌生人互動時，想要表現更善良、更有耐心。變得更高尚。如果我們覺得值得的話，可以選擇這些人生道路，或至少試著發現這些人生道路。

曾經，經濟學家認為人類不光是只在乎成本效益、追求利益最大化的機器。法蘭克・奈特（Frank Knight）這名活躍於二十世紀前半葉的芝加哥經濟學家曾說，人類是「有抱負而不只有渴望的生物」。他的學生暨諾貝爾經濟學獎得主詹姆斯・布坎南（James Buchanan）將人類自然狀態與他所謂的「人造人（artifactual man）」——也就是精心打造自己的人——相互對比。布坎南在提到人類抱負時寫道：「人類希望獲得成為自己想成為的人的自由。」我們時時處在「成為某種人」的過程中，所以請思考一下你渴望什麼樣的渴望。

如果你沒有良知，要怎麼做才會有？你可能渴望自己會因為「將錢包據為己有」而過意不去，但你就是沒有「過意不去」的感覺，該怎麼辦？

作家馬克斯・畢爾波姆（Max Beerbohm）在十九、二十世紀之交小說《快樂的偽君子》（*The Happy Hypocrite*）中提出進一步做法。一名缺德、無恥的享樂主義者喬治・赫爾（George Hell〔地獄〕）拜倒在一名有美德的麗人珍妮・梅爾（Jenny

Mere）石榴裙下。他向她求婚，但她說自己絕不愛沒有一張聖人面孔的人。赫爾運氣不好。於是他向製作魔法面具的匠人買了一副面具——一副能讓他看起來活像聖徒、充滿慈愛的面具。

戴上面具的他追求那名女性，不僅贏得佳人芳心，也求婚成功。當他們要去登記結婚時，赫爾對他欺騙的行為感到不安——他認為自己是不誠實的騙子。他決定給自己取新的名字，並在結婚證書上填入喬治．哈文（George Heaven〔天堂〕）。

在愛情的魔力作用下，同時也為過去感到懊悔的赫爾——現在的哈文——決定贖罪。他戒除了自己的缺德行徑。婚後一個月，赫爾曾拋棄的情人：拉．甘博基（La Gambogi）決心要復仇。她知道面具的事，也清楚藏在面具下的真本色。拉．甘博基在那位新婚妻子面前，拉下喬治．哈文臉上的面具，要讓赫爾原形畢露。

身為讀者的我們知道會發生什麼事。這名善良女子會見識喬治．赫爾的真面目：一個胃口大、追求享樂、缺乏美德的人。他是個罪人，而非表面上看起來的那個聖人，喬治。赫爾的偽君子身分就要遭到揭穿，而他的妻子會被嚇得退避三舍。

兩人的婚姻眼看要分崩離析。

但畢爾波姆在作品中埋了驚喜。面具被摘掉後，拉．甘博基（連同喬治跟他的新婚妻子）才發現面具下的臉，現在就和對外示人的那副面具一模一樣，是一張聖人面孔。這個人的內在已經與外在相符。赫爾變成了哈文。他不再需要面具。那副丟在一旁的臘製面具在陽光下化了開來。

故事結束。我們從中能學到什麼？

喬治．赫爾在道德上就相當於吸血鬼。他想要變成非吸血鬼、喬治．哈文。他渴望擁有和過去不同的渴望。這怎麼可能？答案就是要身體力行。透過愛和行為的調整，赫爾的變化不僅發生在外表上——他的本質也不同了。

為了到達他想要的境界，他戴上面具。我們一般不喜歡偽君子，他們會背叛原則，但畢爾波姆視之為美德。透過偽裝好人和假意的善行，喬治．赫爾也改造了自我。他修正自己的虛偽，但不是藉著摘下面具，而是透過改掉缺點而達成。他違背了自己當那個無恥享樂主義者的核心原則，因而成為更好的人。他騙了他的新婚妻子，但在假裝自己是好人的同時，他變成了那個好人。他過去的自我就像太陽下的面具般消融，他的虛偽也隨之消失。藉由種種善行，他內在與外在的自我不再彼此衝突。

喬治．赫爾的面具使他不得不對抗狹義功利主義的自我，以成為他想成為的人。法蘭克．奈特寫道：「一個人達到智慧或良善的境界，他的『人格』養成主要仰賴冒充一位更好的人，直到最後，部分的『冒充』習慣成自然。」

練習不必然讓人臻於完美，但以正確方式練習會帶來較好的結果。

所以針對你想成為的目標，要多加練習。你可以改變自己的偏好。曾經吸引你的事物會變得不具吸引力。如果你持續嘗試並堅持下去，那麼你曾經不喜歡的事物也可能帶來快樂。善良是可以後天養成的品味。而習慣顧名思義，就是習慣。如果你剛好樂於當個慷慨、誠實、不自我中心的人，這些習慣就會像法蘭克．奈特所指出的那樣自我強化。

本章開頭提到弄丟錢包的問題，我描述了三種人：沒有良心的人、有良心且做好事會感到開心的人，以及第三種——無良但想要培養出良知的人。《快樂的偽君子》指出良心是可以養成的，而且這麼做之後，還會將你轉變成真正為自我利益而做出正確事情的人——做好事變成快樂的源頭。

十七世紀法國作家拉．羅什福柯（La Rochefoucauld）寫道：「美德融入自我利益中，一如河流消失於大海。」哲學家暨經濟學家丹．克萊（Dan Klein）認為拉．羅什福柯的意思是，有辦法能讓美德的實踐符合自我利益。照這樣說，提歐朵拉不僅樂於做出正確的事，也不覺得那是犧牲。我認為這次發現並歸還鑽石耳環，並不是她首次面臨正確行事的考驗。她的父母，或她身邊的親近友人，抑或她的宗教已讓她培養出誠實與同理他人的習慣。

在第六章，我提到紀錄片導演潘妮．蘭恩。當她理解到自己負擔的成本比起受贈者的利益還小時，便決定要捐贈自己其中一個腎臟給陌生人。我跟蘭恩討論她的決定。她並不期待終身受人讚許和自我感覺良好，原因很簡單：她認為這個道德算式的結果顯而易見。

問她這個經歷為她帶來什麼改變時，她的回答更是有趣。就好比照顧夜夜吵醒你數次的機器嬰兒不同於真正為人父母，我猜想，捐贈腎臟也不光是面對一道道檢查與手術的關卡，然後在離開時比住進醫院的自己少了一枚腎臟那麼簡單。捐贈腎臟怎麼改變了蘭恩的自我認知？她的回答是，若在這之前問她是不是個慷慨、樂善好施、利他的人，她可能會否認；而現在她說：「我現在感覺自己就是了。」她還補充：「如果你認為自己是利他的人，你會變得更慷慨、樂善好施。」馬克斯・畢爾波姆會為這件事感到驕傲的。

有個不斷在網路上流傳的故事，通常是關於一名美國原住民長老。以下是艾略特・羅森（Eliot Rosen）寫在他的《體驗靈魂》（*Experiencing the Soul*）書中的版本。

> 一名美國原住民長老曾用這個方式描述他內在的天人交戰：「在我體內有兩隻狗。一隻狗很卑鄙邪惡。另一隻很善良。卑鄙的狗總是跟善良的狗打架。」被問到哪隻狗獲勝時，他想了一下後回答：「我最常餵養的那

隻。」

在人生許多時候，尤其是特別重要的時刻，我們的欲望不會像經濟學家常認為的那麼固定。許多欲望是相互衝突的。我們都有想耽溺在某件事中的衝動，這樣的感覺有時就在身邊蠢蠢欲動。有時我們渴望克制自己的衝動，無論是食欲、性欲、對金錢的貪欲，或是強迫症般浪擲光陰在手機應用程式上的欲望。好的狗與壞的狗總是在我們心中打架。餵養那隻好的狗。經常餵牠，牠就會開始戰勝壞的那隻。

第10章　跟比爾一樣

無正解難題之所以討人厭，其中一個原因是不明朗的未來讓人看不透。由於我們渴望握有掌控與確定性，在應對無正解難題時，我們天生會有衝動想試著用更多資訊和更佳的策略，讓黑暗中能有光亮。這是傻子玩的遊戲，只是幻覺一場。習慣黑暗對你來說還比較好。

聽起來有道理，但說真的，我們大多不是蝙蝠。我們不喜歡黑暗。習慣黑暗違背了我們的天性。確定性會讓人心情愉悅；不確定性則讓我們焦慮。理性地告訴自己「未來是不可知的」幫助並不大。就算理智告訴你恐懼未來是不理性的，你心裡的大石也不會因此消失。理智很不擅長控制你的直覺。

在本章與下一章，針對面對未來的不確定性及無正解難題的挑戰，我會提出兩種後設策略。第一種是要向看似八竿子打不著的人學習，也就是比爾·比利奇克（Bill Belichick），新英格蘭愛國者隊（New England Patriots）的總教練。比利奇克以總教練的身分贏得六枚超級盃（Super Bowl）冠軍戒。他是公認的天才、智多星、國家美式足球聯盟（NFL）中的愛因斯坦。但諷刺的是，「跟比爾一樣」就表示你要在幾乎一無所知的情況下，找出解決問題的方法。

每一年的NFL選秀，各個球隊會依照前一季賽事戰績排名的反序，輪流挑選大學球員。比利奇克和他的團隊就跟所有NFL球隊一樣，會為此投入上百個小時的準備。球隊有數百名球員的大量資料。他們會對排名前數十名潛力新秀進行個人訪談。他們觀看上百甚至上千小時這些球員在大學賽事中的實戰影片。愛國者隊就跟所有NFL球隊一樣，會結合量化與質化的資訊，對這些新秀進行分類、排名，並依此選秀。

這套系統相當複雜，也對球隊的未來至關重要，所以拍到愛國者隊戰情室的影片，背景裡的白板統統會經過模糊處理，這樣競爭者就無法得知愛國者是採用怎樣的篩選系統。

但有件有趣的事情。愛國者隊不太相信他們的系統能做到可靠的預測。他們知道，對於這些球員的未來發展性，他們掌握的知識很不嚴謹，既模糊又充滿不確定性。我們會知道這件事，是因為比利奇克出了名愛用一支前幾順位的選秀籤，去「交易」數支後段順位的籤。相較於重質，他似乎更重量。他幾乎不太會犧牲數支選秀籤，去交換更前面的選秀順位，以選到特定球員——他知道，無論有多少跡象指出某個球員能在NFL大放異采，任一名球員身上都存在很大的不確定性。

所以比利奇克的辦法是，不去苦惱單支選秀籤能否選到某個特定球員。他反而試著選進很多球員——看起來不大可能，畢竟各球隊的選秀名額一樣多。但愛國者隊常常比其他球隊選入更多球員，因為比爾願意拿高順位籤交換多支低順位籤。當他選進的球員來到訓練中心，比利奇克會獲得更多資訊，尤其是那些他無法靠影片或找大學教練談話取得的情報，以及無法從NFL聯合測試營（NFL Scouting

Combine）——由跑速、靈敏度、力量與智力測驗構成的一系列測試——蒐集而來的資訊。

季前訓練不僅讓比利奇克看出球員是否有天賦，也可以從中檢視他們的球技要怎麼樣融入愛國者隊的體系。他會看出球員的個性（遠距離觀察根本辦不到）與其他球員的個性、愛國者職員的期待，能怎麼協調配合。有人可能會忍不住假設：好的球員走到哪都優秀，差勁球員怎麼樣還是差。但愛國者隊常能夠從球員身上激發出其他球隊無法取得的良好表現；而有些球員在其他隊伍表現優異，到了愛國者隊體系就很糟糕。

比利奇克知道，他選進來的球員裡，只有少數能在他的體系中發光發熱。但他也清楚，要預先知道哪個球員會是明日之星非常困難。所以他不把精力統統集中於在選秀日當天做出更好的選擇，而是選擇有更大的分母，也就是選進較高的總人數。比利奇克擁抱他的無知。他知道沒有羅馬的旅遊指南。他邊走邊學。

無法融入隊伍的球員會被裁掉。比利奇克似乎不在乎他們的選秀順位是高是低。他也在選秀後簽下很多球員，也就是未獲選者的合約，這些球員通常都特別便宜。而過去十八年以來，每次都會有一名——甚至一名以上——未獲選的自由球員加入他的球隊。

我們能從比利奇克身上學到什麼？

除了一流長開球手（long snapper）被低估的價值、美國海軍學院（United States Naval Academy）的袋棍球史，以及可以打多個位置的球員被低估的價值之外（這些都是比爾．比利奇克很著迷、也是世界權威的領域，但擁有相同興趣的信徒只有極少數），我們還能向比爾學到至少四個可運用在運動領域以外的智慧。

1. 可選擇性會讓人強大。

可選擇性（optionality）是指你能自由選擇做某件事，但沒有相對的義務。想想看Zappos。Zappos是一間提供免運費與免費退貨服務的線上購鞋網站。我們都知道免運費、免退貨物流費有多讓人開心。但那其實不是真的免費，這裡的價格有可能比其他地方貴一點；作為回報（抱歉！）[1]，你得到了可選擇性：看到鞋子本尊、在家試穿後，可以決定要不要改變心意。這雙鞋子看起來很舒服；評價是四．九七分（滿分五分），而且有上千則好評。但在穿上鞋子之前，你無從得知這雙鞋適不適合你。能夠免費退貨（手續相對不那麼麻煩）就讓你有了可選擇性。買鞋的同時不必承擔留下鞋子的義務。

可選擇性不只表示免運費讓犯錯的成本降低了。這應該會改變你購物的整體習慣：要買就買更多鞋子（前提是信用卡沒刷爆）；不用煩惱哪雙才是正確的選擇；不用浪費時間蒐集資訊、確認喜歡這雙鞋的評論者跟你有多相似（腳板窄的人喜歡這雙嗎？）；或也不用管Zappos上評論可信與否。

多買一點，少擔心一點。我猜想比利奇克會喜歡Zappos，因為免費退貨與免運費符合他的選秀哲學。他知道可以不用受長期承諾所牽制，逕行裁掉不合適的球

1　譯註：這裡作者用了雙關語，in return同時有歸還與回報的意思。

員，所以他與更多球員簽約，而非試著在事前追求十足把握、確認誰是最好的球員。他在選秀期間可以安睡，因為他知道有大數原則當後盾——在數量夠多的菜鳥中，總有人在季前訓練會有好的表現。

比利奇克（以及所有其他也面臨選秀不確定性的NFL教練團）難免會忽略待選名單中某些球員，直到後來幾年才發現，當時錯失了選進超級巨星的機會。我猜在某個程度上，他仍會試圖理解他可以掌握的部分，以利選秀時挖掘到超級巨星。但同時我也猜想，他很清楚這些球員之所以優秀的關鍵，在事前是看不出來的。我確信他會試著讓每年選秀分析都有些進步，但過程中就是有本質上的不確定性。與其試著做到完美的分析，他找出策略來面對必然存在的不確定性。他花更多時間習慣黑暗，投入較少時間擴大照明範圍。

可選擇性的精髓就在於對「無法事前得知何者會有好結果」有所體認。風險投資背後的邏輯也是如此。就算是最厲害的風險投資家，他們每投資十間公司，也會有七間是失敗的。他們有十分之一的機率投資到所謂的獨角獸公司——後續估值可成長到十億美元甚至更高的公司。為什麼他們不能事先找出哪些是獨角獸公司，然後只投資這些公司就好？因為就是沒辦法。投資是無正解難題。風險投資家仰賴大數法則。投資者讓市場決定十個投資案中，哪間公司能讓他們一擊致勝。他們最多就只能做到這樣。

把這個概念用在生命中，試著獲得多一點體驗，嘗試新事物。別再做不適合自己的事。擁抱那些能讓心情愉悅的機會，只要退出的代價還算低，盡量少花工夫先搞清楚那些機會的底細，將更多時間用來放手一搏。四處探索可能比設定旅行計畫更讓人盡興。

但可選擇性的優點，對許多人而言也是雙面刃。我們害怕做決定，所以會想要有更多資訊。我們跟某人交往很長一段時間，告訴自己這麼做是要確認他是對的人。但也有一種論點是要蒐集更多你沒見過的人的資訊。與很多不同人交往，能讓你更加認識自己，也更認識自己與潛在的伴侶互動的模式，這麼做會提高找到與你互有好感的人的機會。權衡這些事並不容易，但或許意識到下面這一點會有幫助：

許多時候，我們遲遲不決定，並不光是因為缺乏資訊——我們拖延是因為我們討厭做決定。

2. 別假設對別人有效的東西，就會對你有效。可以的話，去試穿那雙鞋、試駕那部車。

幸福指數的大眾民意調查不見得適用於你本身、你的品味、你的愛好，以及最重要的：隨著時間變化的你。比起去讀鞋子舒適度的描述，實際試穿更有幫助。比起看別人練習場上的情況，在你的練習中觀察球員的表現更有價值。去試駕車子。不會每個無正解難題都是無法臨陣反悔的吸血鬼難題。別因為有風險就卻步了。

3. 沉沒成本無法挽回。

比利奇克似乎不羞於坦承自己也做過結果不佳的決定。要他承認選秀不是某種科學，更像擲骰子，他欣然接受。他會測試球員。如果鞋子不合，他不會因別人可能對他的判斷力失去敬重，而強迫自己繼續穿著。反過來說也是如此：他會放棄某名球員（而不只是選秀權），因為他知道有些決定的結果難免就是不如預期。我們畢竟只是人類。

通常遇到這樣的情況，我們會說：我接下這份工作，但這是個錯誤。我訂婚了，但這是個錯誤。我去讀法學院，但這是個錯誤。可是上述情況都不是錯誤。所謂錯誤是你明知自己不愛鯷魚，但訂披薩又一直訂這個口味。錯誤是選擇相信某個你明知沒有信用的人。

與自己預期不同的人生抉擇，並不是錯誤。那只是選擇所致的最終結果不同於心裡的期待。我們不該稱之為錯誤。你不該因此而自責。原諒自己吧。結果不佳的無正解難題，並不是錯誤。它們更像是冒險。冒險充滿著各種轉折和高低起伏。比利奇克教我們，如果你能踏上一場最終不致付出太高成本的冒險，那就去吧。如果結果很糟，就縮短路程。如果結果很好，那就享受過程。這樣勝過試圖在事前精準釐清哪個冒險是最佳選項。

4. 被高估的恆毅力和堅持。

的確，只因為事情很難，或碰上一點不愉快就立刻放棄，這樣不好，也確實有些品味需要後天養成，但某些事就是永遠不會變得討喜。如果你厭惡法學院、厭惡成為律師，先試試看學不同種類的法律。若還是無濟於事，轉換職涯並不丟人。如果你討厭法律並離開這個領域，別說這是犯錯。你的資訊這麼不足，怎麼能說是犯錯？當人生的開展方式與想像中不同，或者你後來的轉變與自己原先設想的不同，那就改變吧。如果你不喜歡當吸血鬼，就丟了披風，享受陽光。趁早收手，繼續往前走。人生苦短，不應漫不經心為那些你發現不適合自己的事而堅持。過好生活。做出改變。跟比爾一樣。

當你有選擇時，就善加利用。有些可選擇性很明顯——婚前要先約會交往。進某間公司前，先去實習。給員工長期的工作保證前，先聘他為實習生。在搬到某地之前，先去當地看看。不用讀完你翻開的每一本書。

人生中的多數抉擇，不盡然是一旦決定就無法回頭的吸血鬼難題。如果你搬到以色列後發現討厭那裡，可以再搬到其他地方。如果你的婚姻不美滿，可以離婚，雖然我認為婚姻是恆毅力與堅持可能被低估的其中一個領域——可以先努力改善，直到束手無策為止。如果你沒有結婚，但又不願錯過已婚人士擁有的那種人際關係，還有其他方法能與人培養人際連結與友誼。如果你讀了法學院，發現自己討厭當律師，你不是唯一這樣的人。如果因為有人告訴你堅持與恆毅力是美德，你決心繼續堅持下去，你也不是唯一這樣的人。但事實上，就算你已經當了一段時間律師，還是有轉換職涯的自由。

無正解難題之所以折磨人，很大的原因是「後悔」的幽靈陰魂不散。你決定不跟某人結婚，但最後後悔了；或恰好相反——你跟某人結婚，但下場不佳。你去讀法學院，但討厭這個科系。這些決定可能造成不好的結果，讓人害怕下任何決定。我們跟自己說需要多一點時間蒐集資訊，卻未發現更多資訊其實沒有幫助——那只是一種拖延形式。

強納森・薩克斯拉比說：「理解婚姻的唯一方式，就是結婚。理解特定職涯適不適合你的唯一方式，就是真的去試一段時間。那些在承諾邊緣徘徊，在一切塵埃落定前不願下決定的人，最終會發現人生已悄悄溜走。理解某條人生道路的唯一方式，就是冒著風險一試。」沒有塵埃落定的一天。

不讓人生溜走的一種方式，就是停止擔心犯下「錯誤」。如果你沒辦法再做得更好，那就不算錯誤。所以請少花工夫去追究什麼是「對的」決定，多花點時間思考如何擴充你的選項，以及當結果不如預期時，要如何處理沮喪情緒。我想，比爾・比利奇克在NFL選秀會當晚能有一夜好眠。其實你也可以睡得安穩。

第11章　活得像個藝術家

威廉・福克納（William Faulkner）曾經形容寫書就像是讓「角色進到你心中。一旦他們在你心中，而且是真實適切的角色，那麼一切會自然水到渠成。你需要做的，就是跟在他身後，記錄下他的所言所行。」跟某些小說家不同，福克納宣稱他開始寫書時，自己也不知道結局。那些他創造的角色，以及他筆下角色身處的環境，都會有自己的生命力。像這樣自發、有生命力的過程，違反了一般人認為天才會使用的工作方式：將優秀的計畫付諸實踐，以達成願景。但願景要在工作過程中才會浮現，那是沒辦法事先構築出來的。

有些人運氣很好（或可能是倒楣），擁有明確的職涯或人生藍圖。他們知道自己想要什麼，或至少他們以為心知肚明。打個比方，他們想成為醫生。他們在大學就讀醫學院預科；他們認真讀書獲得優異成績；然後申請進入聲譽良好的醫學院；取得像樣的住院醫生資格；他們終其一生做醫生工作。像這種專一的人生規畫，其中有很多面向值得討論。這可能代表某人選擇了（無論在財務或心理層面）非常高報酬的職涯。

但多數人的職涯或人生都沒有先畫好的明確藍圖。我們不知道自己想要什麼。我們發現人到了羅馬，對於什麼是最適合我們的，只是略知一二，或一無所知。我們想要什麼、享受什麼、什麼能帶給我們生命意義，這些會隨我們做的決定而浮現——同時，那也伴著因選擇而獲得的體悟而來，我們會視情況同步調整自己的相應作為。我們不是坐在扶手椅上、埋首書中或諮詢專家，才理解自己想要什麼，而是透過每天的實際經驗。在我們擁有那些日常體驗、從特定身分獲得體悟之前，我們都算不上有傳統定義中所謂的「目標」。

我們可能會試著打造關於自己人生的敘事，就像那些知道自己想成為醫生，一步步按照計畫，最終讓情節如預期發展的人。但對多數人而言，我們無法完全掌控情節走向。人生敘事會決定自己的發展方向；會有預期之外的情節轉折；某些人物會從劇本中退出，其他角色則會意外現身。

在思考如何面對無正解難題時，活得像個藝術家是不錯的方式。

十九行二韻詩（villanelle）是一種法文詩歌體裁，由五節三行詩加上最後一節四行詩組成。第一節詩的第一行與第三行，會在接下來的幾節詩中輪流、重複出現。一般普遍認為，伊莉莎白・畢曉普（Elizabeth Bishop）的詩作〈一種藝術〉（One Art）是有史以來最好的其中一首十九行二韻詩。詩人莎隆・布萊恩（Sharon Bryan）認為這首詩「完美結合了形式與內容」；因此，若十九行二韻詩是名運動員的話，就應該讓其球衣背號「退休」、不再開放使用，因為沒有人能超越畢曉普的成就。

然而，畢曉普是經過十七次（！）的修改，才寫出這首完美的詩。這首詩是在創作的過程中才逐漸成形。一個名為Beth的作者在部落格「Bluedragonfly10」提到，這首詩主動求索作品本身的構成方式，尤其在第二版草稿時，詩的第一行「失去的藝術，不難駕輕就熟」就出現了第一次，也開始重複，透露出它被寫成十九行二韻詩的可能。

> 這首詩在誕生之初就已成為十九行二韻詩，這使我相信每首詩都有註定的詩體。這首詩想成為十九行二韻詩。一首詩欣然接受某種體裁，而拒斥其他詩體。這就表示一首詩就跟人一樣，有自己的生命、自己的心靈、自己的聲音、自己的好惡。這也表示所有藝術創作都是如此。藝術希望在擁抱所有可能性的前提下被創造出來。

一首詩怎麼可能會「想」成為什麼，或擁有自己的生命？難道詩人不能寫心裡想寫的內容嗎？當然可以。但在有些情況下，詩會有自己的生命。除非從頭來過，否則就不再有機會做出某些改變。其他改變會因機緣湊巧出現，感覺對勁了，於是詩人便保留下來。

可以用這種方式思考我們的人生故事嗎？我們能否將人生看成自己精心打造的事物，並理解到結果尚未分曉，有時還令人難以掌控？

我們將無法控制視為失控，就像在搭乘某種瘋狂的遊樂園設施，卻不知道轉過下個彎會發生什麼事。但認清自己無法控制，不等於完全失去控制或者毫無計畫。那表示一個人相信機運，並根據從經驗中取得的最新資訊，去調整計畫或旅程。那就像不帶旅遊指南，在羅馬度假一週。那像是駕車在結冰的路面打滑，你自然會有衝動要試圖奪回對車子的控制，把方向盤轉回你想要的方向，或用力踩煞車。但這些反應通常會讓情況更糟，有時候更好的做法是放開油門，讓車子自己找回抓地力。

活得像個藝術家，是指對這個世界與自己抱著開放探索的心態。就像教育家洛南・巴克曼（Lorne Buchman）在他的書《做中學》（*Make to Know*）中所探究的，詩人、雕刻家、小說家與作曲家都是在創作過程中才認識他們的作品。他們不是用演算法開始創作的——除非你認為「移除不是大衛像的大理石」是米開朗基羅使用的演算法；或者「選出該跟在前面的音符後出現的正確音符」看起來像貝多芬用來創作的演算法。

藝術家通常不曉得自己會創造出什麼。他們創作藝術，是為了要弄清楚自己的計畫到底是什麼。巴克曼引用畢卡索的話：「要知道你想畫什麼，就必須先開始畫。」伊莉莎白・畢曉普在寫詩的過程中，發現自己想要寫什麼。人生也是如此。

活得像個藝術家有一個實用面向，跟可選擇性密切相關。我聽過最好的其中一個建議是說「不」的重要性。一個不小心，你會發現自己因為做了太多承諾而動彈不得，浪費時間在瑣碎的事情上，無法完成你最在乎的目標。你沒有辦法實現你的計畫，總是被其他事情耽擱。

而這也是最差勁的建議：如果你太常或老是說不，就會錯失機會和你樂於認識的人建立連結、發現特別的事物，甚至更棒——發現珍貴的事物。那麼你生命裡的因緣巧合就會減少。善用可選擇性就表示樂於接受那些看似不值得，但有機會擴展你的眼界、經驗、人際關係的事情。這麼做的話，你不只會對這些機遇有更深的了解，還會更了解自己——你喜歡什麼，以及你認為什麼有意義。

我的看法可能不很典型。如果想成為醫生，你通常需要一份計畫及一套付諸實行的方式。有計畫很好，或許還不只「很好」。最困難的，是要知道何時該放棄——可能事情變得不對勁，或也可能你發現自己並不適合。這也是種藝術。有些人會告訴你：別放棄夢想！堅持到底！但事實上，你會發現有些夢想不切實際；有些夢想最終會變成夢魘，而你應該放手。

知道何時該蓋牌、何時該跟牌，在撲克牌比賽裡是可以量化的技藝，但人生中卻無法這樣做。最好先認識你自己——你的強項與侷限——然後盡力做出最好的決定。從「永遠堅持到底」或「面臨太大難關就要放棄」這兩者二選一、當成唯一緊守的規則，會讓人迷失方向。人生中可以培養一種技藝：知道何時該堅持、何時又該放棄。

許多我引以為傲的成就，都是那些一開始看起來不適合我、或跟我原有計畫不合的事物，但我同意做看看。拿到博士學位時，我沒有計畫要去主持podcast節目，那時網路還不存在。後來導演約翰・帕波拉（John Papola）突然寫電子郵件給我，說他很喜歡我的podcast，所以有個專案想跟我合作。我當時想，我們應該能一起製作某種影片，但誰都沒預料會創作出兩部饒舌影片。

許多我人生中最難忘的對話，當下我就只是傾聽說話者，同時也根本不把自己當成故事中的明星。我沒有計畫要在對話中達成什麼目標，只是活在當下，聽陌生人對我敞開心扉、訴說她人生中發生的悲劇。這種狀況不常發生，但有辦法活在當下、不妄下斷語，這是強大且珍貴的能力。

別以本質上類似「交易」的出發點來進行對話——我能從中獲得什麼利益？（也就是「故事中的明星」思維）；倒不如像個藝術家那樣與他人對話。別先設想一連串的目標。與其去設計引導對話的方式，倒不如讓對話發展出自己的路線。最好的對話會朝著意想不到的方向前進，最終收束在親密、有啟示性與教育意義的境地。一如藝術品，對話會有自己的生命。放棄了控制的念頭，心境便隨之開闊。

活得像個藝術家不代表永遠不用事先計畫，或乾脆坐等人生讓你忽然擁有狂熱的熱情。這表示你要懂得領會：你和自身經驗的互動方式自有其生命力。

我們都知道，人不太能像觀光客那樣照最好的旅遊指南安排行程，用這樣的方式來規畫人生。如果抱著這種想法，我們就得認清我們活在一個火車會誤點、有時甚至停駛的國度——這裡的火車會不按班表停靠，也常脫離軌道，還會無視我們，照自己的意志行駛。

但重點並不是要有「隨時可能出現驚喜」的心理準備。不用說，摯愛的人會過世；我們沒能得到本來視為囊中物的工作機會；提案可能被駁回；陌生人也可能變好友。有時我們會時運亨通。人生處處是驚喜，這並非什麼新鮮事。我要說的是，該如何面對這些驚喜、挫折、意外的禮物、天外飛來的好事、讓我們陷入狂熱的事物。

另一種像藝術家一樣思考人生的方式，源於寫作這個活動。理論上，我們有可能精雕細琢每一個句子，而頂尖作家就是會耐心找出精確字眼，將一行又一行語句編織出美麗作品那些的人。我曾一度以為這是福樓拜寫作的方式——他的初稿基本上就是完稿。但這不是事實。福樓拜習慣不斷修改，他會一再調整草稿，直到他滿意為止。

在科幻小說家歐森．史考特．卡德（Orson Scott Card）的創意寫作課堂上，他要學生針對彼此的草稿提出回饋意見。評分的依據不是他們最終完成的文章，而是看他們給同學的回饋品質。他的洞見：要當個好作家，就先得是個好編輯——學會修改是寫出好作品的關鍵。人生也是如此。別擔心草稿太粗糙，只要勇於大刀闊斧修改、善用可選擇性，你就會成功。

活得像個藝術家這個概念的最後一種用法：將自己視為藝術品，也就是在第九章，經濟學家詹姆斯．布坎南說的，將自己視為「人造人」這種工藝品。請想像自己活得像個藝術家，而你跟你的人生都是藝術創作。這表示什麼？表示你把自己視為有待塑形的泥土、等著雕鑿的大理石。這表示，你會將自己與人生視為尚在創作中的作品。

人生就像你同時在寫也在讀的一本書。也許對於情節要怎麼發展你有計畫了，但為了成為偉大的作品，這本書需要一直被品嘗、咀嚼與消化，就像一本讀完後能改變你人生的書。而你也得準備好接受一個——甚至兩到三個——情節轉折。

你可能會想像，你可以編寫一本書、一首詩，或編寫你的人生，而且能有稱心如意的結果。你甚至可能撰寫腳本再付諸實行。但本書前大半內容要教你的是，那本在你青少年時期或二十幾歲想活在其中的書，到年齡漸長後可能就不再合你意。你需要讓那本書跟你一起活出自己的生命。

這種觀點需要一定程度的自我覺察，通常會隨著年紀與歷練的累積而獲得。這也需要我在前面提過的一定程度的抱負——對於你想成為怎樣的人，起碼要有個籠統的想法，就算不清楚要邁向的目標確切的形貌或輪廓，那也無妨。或許是最簡單的想變得「更好」——今年要當個比去年更好的人。

藝術家帶著一身技藝來到這個世界上。我們也是如此。要怎麼利用這些技藝？我們想用那些技藝打造出什麼？要怎麼樣更上一層樓，把自己的人生轉化為更棒的藝術品？我們如何利用自己扎根的那片土壤，將最初自己擁有的東西，轉變成更美好的藝術品？

電影《芭比的盛宴》（*Babette's Feast*）的主角是一名不尋常的藝術家，她做的是服侍一對未婚姊妹的女僕工作。這對主人在一個沒落中的小宗教社群裡，努力保住父親的遺產。女僕芭比某天得到意外之財，決定要給她的雇主與周遭生活貧乏的居民一個難忘的夜晚：一頓手藝精湛、費心準備的晚宴。電影中一個角色親身體驗過她的傑作，他評論：「藝術家內心有個長聲響徹世界的呼號——給我機會，讓我傾盡所能做出最好的作品。」用這種方式思考人生與我們內心想告訴我們的事，不失為好的方向。我們身上的技藝，某些是天生的，某些是靠後天努力得來。我們應該竭盡所能利用這些天賦，以及我們獲得的寶貴光陰。

其中的挑戰在於，我們常認為竭盡所能就代表要全速奔向目標。別爾基切夫的李維．伊茲切克拉比（Rabbi Levi Yitzchak of Berditchev）說，他曾遇到一個跑步的人，正瘋狂向前奔馳。跑得這麼急，是要去哪裡？拉比問道。我在追逐我的生存之道！那人回答。而拉比又說，也許生存之道其實在你身後，你這樣是愈跑愈遠。

的確會有幾本很棒的旅遊指南，能幫你規畫羅馬之旅。你可以準備一份鉅細靡遺的緊湊行程表，按照你事前認為最好的景點將整趟旅程安排妥當。但還有一種類型的旅客，他們會把時間留給途中隨機遇到的事，看看自己會碰上哪些吸引目光的事物。街頭有男高音忘情唱著普契尼的〈公主徹夜未眠〉（Nessun dorma）。有些旅客在梵諦岡待了比預期還要長的時間。他們在橫跨臺伯河的橋上逗留，試著想像這座橋讓人駐足的歷史有多麼悠久。

過好人生要結合上面這兩種方式。這個道理看似好懂，但不知為什麼，我們卻認為那些妥善規畫旅程的人很理性，而那些不特別為什麼事安排時間、只想在城市裡漫遊的旅客是「毫無目標」。有時候，毫無目標反而能幫助你找到目標。

有時候，坐著等待、靜觀事態發展反而是件好事。有時候，竭盡所能的意思就只是等待。不是漫不經心地等，而是要聚精會神，關鍵在於集中注意力。有時候，竭盡所能的意思是不做些什麼，就只是好好為將來準備。放慢速度會幫助你在機會降臨時，能夠察覺到它。

第12章 總結

如果你住華盛頓特區，而你想要盡快開車到芝加哥，那麼光是參考太陽與星星的方位、一路朝西北駛去，這樣做還不夠。你需要規畫路線。過去你會用地圖來規畫，現在則是用位智（Waze）或Google地圖來幫助你前往想去的地方。

位智和任何一種導航軟體的核心，就是逐向導航（turn-by-turn directions）功能。另一種做法：憑直覺隨意轉彎則會讓人哪裡都到不了。資料是讓位智順利運作的祕密武器：不只是有關道路系統及其特徵的資料，還有交通狀況的資料。位智知道其他路線的路況，於是能幫我更快抵達目的地。

一個3×3的魔術方塊有四千三百京種組合，也就是四十三後面加上十八個零。隨意轉動魔術方塊不大可能找出解方。你需要一份計畫、一套演算法——這個華麗的說法其實是指一系列的動作或步驟，有邏輯地導出特定的結果。

把位智或魔術方塊視為人生的一種隱喻，這種想法很誘人。如果我們想要達成目標，就需要一套明確按部就班的執行計畫，也就是一套演算法、一份借助手邊最好的資料與資訊所訂出的計畫。資料愈完整、計畫愈周全，我們就愈能達成目標。

但這只適用於有正解難題。面對無正解難題，我們需要不同的方法。我們不只是要思考最佳路線，還得先思考要去哪裡。與其把人生視為一連串決策節點，盡全力將未來可預見的快樂與幸福最大化，我前面已經建議過，應該把人生視為一趟旅程。

路上應該有個伴嗎——愛人、朋友或一群朋友？找伴的話，應該和誰同行？在旅程中，我該怎麼對待我的旅伴？如果在安排旅程時，試著依照我們共同的願景，而不只用會讓我最開心的事來安排，我對這趟旅程的體驗會如何？我應該採取哪些原則，又可能怎樣運用在旅途上？我該如何預留空間給偶發事件——在無法預期與無法避免的現實裡，碰上某些意外其實是意料中的事？我有勇氣讓旅程自行浮現在眼前嗎？我有勇氣讓我的自我與本質、我生活與愛的方式也自己浮現，以一種自有生命力的方式（而非機械式）運作嗎？

這些問題沒有答案。它們不是有待解答的難題，而是等著被體驗、品嘗、欣賞的謎團。天地之間的事物，不僅比你腦袋幻想的還要多，也比你預期會在人生旅途上遇到的事物還多。人生無法一步步導航。與此同時，你可以繼續精進自己，彷彿把自己當成藝術品來雕琢。

我們天生會有股衝動想問：這對我有哪些好處？我會喜歡嗎？這會有趣嗎？在人生許多時候，這不是太差的出發點。但面臨無正解難題，去追尋把人生過好，那可能為你帶來的好處，會比你原先計畫或希望的還更豐富。至少在讓你覺得有趣或滿意的事物這方面，所謂的「幸福」被高估了。因為幸福無法化約成問卷調查中，用一到五分來評定的答案。這對人類、政策制定者來說都不是好的目標。意義、目的、愛、豐盛、充分運用自身天賦，這些才是讓人心情飛揚的事物，也會將我們提升到比自身更高的境界。

有時我談起人生中某些部分已不屬於科學可處理的範疇，或不該以科學方式檢視，會有人說我不理性或反科學。但是把科學用在該用的地方，也避免用在不該用的地方，這才是理想的科學本質。理解科學的極限，以及能將其用在何處是種美德，那透露了一種健康的謙遜心態。世界上有我們不理解的事，更可能有我們永遠不明白的事，但我們人生中大多的最佳體驗，並不是我們知道或不知道什麼——最棒的問題，其實是那些沒有答案的問題。

在《凱文與虎伯》（*Calvin and Hobbes*）的最後一則漫畫裡，繪者比爾·瓦特森（Bill Watterson）畫下六歲的男童凱文帶著他的老虎布偶虎伯坐在雪橇上，他們從初雪覆蓋的山丘歡樂地往下滑。凱文告訴虎伯，這是充滿可能的一天。然後他說：「這是個神奇的世界，虎伯老兄……我們盡情探索吧！」

世界之所以神奇，一部分原因要歸功於探索。經過多年生命歷練，我愈來愈不像個經濟學家，反而更像是「凱文主義者」（Calvinist）。探索的重要性在於你能藉此理解到自己是創作中的作品。你需要花點心思思考你想要去哪裡，以及到了目的地後要成為怎樣的人。以下是我對這趟旅程的詩歌版建議，我將詩命名為〈旅遊建議〉（Travel Advisory）。

小心對確定性的衝動。
那凡人的鎖。
那必然的事物。
手中之鳥的誘惑。[1]

也許一次或兩次，把蛋放到同個籃子裡。
接受浪漫的機緣。
約她出去。或約他。
擁抱疑慮。

走入未知。

離開街燈的安穩。

離開營火的溫暖。

享受夜晚的樂趣。

但不用成為吸血鬼。

找個夥伴。

結交朋友，破鏡重圓。

巨星？試著融入演員群。

走得遠，不要走得快。

1 譯註：此處化用英文俗諺「兩鳥在林，不如一鳥在手」（A bird in the hand is worth two in the bush.），中文近似囊中之物，代表有把握的事情。

伸手。觸摸。

有時去摘高掛的桃子。

別跑。慢慢走。

有時候靜觀其變。

嘗試煙燻威士忌。不好喝？再試一次。

或試個三次。

考慮原則，忽略價格。

別畏縮。

奮力綻放，

收穫豐盛。

培育
內心的火焰。
胸懷大志。
目標高遠。
更好的是——瞄準更遠的目標。

祝你活得美好，有時能待在泳池裡，有時要離開泳池，投入那些對你有意義，
也對身旁的人有意義的事物。旅途平安。

致謝

寫這本書非常像是去羅馬旅遊。我很幸運有一些特別的夥伴同行。我要特別感謝我在Portfolio/Penguin的編輯布莉雅・桑德佛（Bria Sandford），她的樂觀、洞見與奉獻最終讓這本書比我獨立完成的成果更優秀。我跟她的對話，以及她明確的修改建議，對你現在讀到的內容發揮很大的影響。我想要感謝我的經紀人拉非・薩葛林（Rafe Sagalyn）一如往常讓我專注在書本的主題上。茂仁・克拉克（Maureen Clark）的審稿工作非常出色，另也多虧了麥克・布朗（Mike Brown）和凱堤・米勒（Katy Miller）優異的校對協助。他們跟朗迪・馬魯尤（Randee Marullo）找到並修訂了許多我寫作的壞習慣，繼而讓這本書更好閱讀。

我想要感謝強納森・巴榮（Jonathan Baron）、唐・布卓（Don Boudreaux）、安格妮絲・卡拉德、班・卡斯諾恰（Ben Casnocha）、泰勒・柯文（Tyler Cowen）、尤瓦爾・杜樂夫（Yuval Dolev）、安琪拉・達克沃斯（Angela Duckworth）、卡蘿琳・杜德（Carolyn Duede）、菲比・安斯沃斯、沙隆姆・費曼（Shalom Freedman）、茱莉亞・葛勒夫（Julia Galef）、麗莎・哈里斯（Lisa Harris）、艾菲・霍夫曼（Avi Hofman）、雷貝卡・伊萊夫（Rebekah Iliff）、丹・克萊（Dan Klein）、阿諾・克林（Arnold Kling）、莫歐・柯普（Moshe Koppel）、芭芭拉・庫普佛（Barbara Kupfer）、勞倫・蘭司柏格（Lauren Landsburg）、潘妮・蘭恩、理查・馬赫尼（Richard Mahoney）、羅伯・麥當勞（Robert McDonald）、麥可・蒙格（Michael Munger）、愛蜜莉・歐司特（Emily Oster）、妮姬・帕帕多普洛斯（Niki Papadopoulos）、艾司拉・拉薩（Azra Raza）、阿亞・羅伯茲（Aryeh Roberts）、厄薩・羅伯茲（Ezra Roberts）、喬・羅伯茲（Joe Roberts）、雪莉・羅伯茲（Shirley Roberts）、雅憶・羅伯茲（Yael Roberts）、澤夫・羅伯茲（Zev Roberts）、畢維思・

修克（Bevis Schock）、西姆・沙夫納（Hyim Shafner）、史班瑟・史密斯（Spencer Smith）、羅伯・威布林（Rob Wiblin）和尚恩・伍德（Shawn Wood）在精神上的支持、提出的有用評論，或花時間與我討論無正解難題，又或是對不同版草稿提出回應。

A. J. 賈各布斯（A. J. Jacobs）在前期就幫我設定出好的方向，也給我很多有用的建議。蓋瑞・貝爾斯基（Gary Belsky）一如往常從開始到結束，都給我嚴厲的良好建議與關鍵的洞見。他對決策相關文本的知識特別有幫助。他對這件作品的信心，支持我度過某些艱難的階段。我在沙勒姆學院的新同事里昂・卡斯和丹・普利沙（Dan Polisar）在本書仍是最無正解的難題時，幫我找到自己的方向。里昂提醒我豐盛的真正意涵。我要特別感謝丹針對無數行內容的珍貴校訂，以及幫我在關鍵時刻成功重新安排稿件的架構。跟澤夫・羅伯茲的一場對話，幫助我找到能解鎖本書最後一部分結構的鑰匙。

我要感謝丹・吉爾伯特跟我分享他未出版的文章〈三種水的觀點：對丹尼爾・

康納曼演講的一些感想〉（Three Views of Water: Some Reflections on a Lec- ture by Daniel Kahneman），還有對於豬和哲學家的主題，他和我有非常刺激的電郵往來。雖然他同意，我在本書討論中所呈現的他不失公允，但仍對我的論點抱有懷疑；奇怪的是，我反而對此感到開心。我想要感謝保羅・布魯（Paul Bloom）提醒我應注意吉爾伯特的觀點。

我非常感謝茱莉亞・葛勒夫，關於幫助人決定生小孩與否的快樂指數問卷的價值，她與我激烈地你來我往，但仍是文明的討論過程。我們在《Pairagraph》的討論讓我受益良多，也讓我的觀點更精煉。

我要感謝我的推特追蹤者奈特・威爾考克斯（Nate Wilcox）問了我用在第一章的問題，那有助於我思考這是本關於什麼的書：「如果重要的事情難以測量，而可測量的事情容易誤導人，我們還剩哪種決策框架可用？」

感謝自由基金（Liberty Fund）的協助，讓我能夠主持每週更新的Podcast節目「聊經濟」，長達十六年之久。這給了我機會向非常聰明和有趣的人，詢問我所感興趣的問題。近年來，我對於美好人生、幸福研究的價值、我們如何找到人生意義、經濟學在評估幸福這方面的侷限，以及許多跟這本書相關的主題都開始感到興趣。

這本書在許多層面，都有賴和以下「聊經濟」來賓的對話而有所成長：麥可・布拉斯特蘭（Michael Blastland）、保羅・布魯、羅伯特・波頓（Robert Burton）、洛南・巴克曼、安格妮絲・卡拉德、路卡・德亞娜（Luca Dellanna）、大衛・迪普納（David Deppner）、理查・艾普斯坦（Richard Epstein）、茱莉亞・葛勒夫、傑德・吉格任澤（Gerd Gigerenzer）、蘿亞・哈卡欽恩、丹尼爾・哈伊伯恩（Daniel Haybron）、瑪格麗特・哈福南（Margaret Heffernan）、里昂・卡斯、約翰・凱伊（John Kay）、密爾文・金恩（Mervyn King）、丹・克萊、伊恩・麥吉爾克李斯特、傑瑞・穆勒（Jerry Muller）、麥可・蒙格、史考特・紐史托克（Scott Newstok）、勞麗・安・保羅（L. A. Paul）、理查・羅伯（Richard Robb）、愛蜜麗安娜・賽門－湯馬斯（Emiliana Simon-Thomas）、彼得・辛格（Peter Singer）、羅瑞伊・桑特蘭（Rory Sutherland）和納西姆・尼可拉斯・塔雷伯（Nassim Nicholas Taleb）。可以在

russroberts.info/wildproblems找到統整好的相關集數。

多數對話和對話所植基其上的書籍，都以各種方式影響我的思考，現已無法將這些內容與我個人的思考分開。「聊經濟」的來賓當然不會完全同意本書提到的內容；有些人可能會強烈反對我寫的事。但他們都教了我某些東西，儘管我無法精準點出與哪些內容有關。如果我無意中用到了你的想法，親愛的「聊經濟」來賓，請原諒我。

我要感謝Stripe公司和妮吉・費納曼（Nikki Finnemann）提供機會，讓我就使用資料做分析式決策的挑戰，提出我初期的想法。

而就如同我所有的書籍，要是沒有我太太雪倫的建議、評論與支持，我無法走到今天這一步。好幾次，我們一起放手一搏，邁入街燈光線可及範圍以外的黑暗中。我很幸運能有她在身旁。

參考資料與延伸閱讀

在我構思本書的方向時，有兩本書和一篇文章是我思考的核心，也都是值得一讀的作品：安格妮絲·卡拉德的《論抱負》、勞麗·安·保羅的《變革經驗》；還有艾德娜·烏爾曼－瑪格麗特（Edna Ullmann-Margalit）的〈重要決策：選擇、轉換、漂流〉（Big Decisions: Opting, Converting, Drifting），刊載在《皇家哲學中心副刊》（*Royal Institute of Philosophy Supplement*）二〇〇六年出版的第五十八期157-172頁。

我在「聊經濟」播客節目跟卡拉德與保羅討論他們著作的過程也很有幫助。保羅的吸血鬼難題的概念，給了我全新觀點去思考理性這件事。

克耳文勳爵說：「當你能夠量測你談論的事情，並以數字去表達的話，你對此就有些了解；但當你無法測量時，你無法用數字去表達，你只有微薄且不足的知識：這可能是知識的開端，但在你的思想裡，你幾乎未能往科學的階段邁進，無論你的主題為何。」這則引言來自於一八八九年出版《熱門演講與致詞》（*Popular Lectures and Addresses*）第一期中的〈電力測量的單位〉（Electrical Units of Measurement），原演講日期為一八八三年五月三日。

刻在芝加哥大學石頭上有經過改寫：「當你無法測量時，你只有微薄且不足的知識。」一九五九年，喬治・斯蒂格（George Stigler）邀請勒維農・史密斯（Vernon Smith）在芝加哥大學發表論文。兩個人最後都獲得諾貝爾經濟學獎。史密斯講過這樣的故事：當他們看到這則引言時，斯蒂格開玩笑說：「當你**可以**測量時，你也只有微薄且不足的知識！」斯蒂格非常機智，也是非常經驗主義的經濟學家，但我認為，可以將他的笑話視為資料的侷限如何影響我們完整認識這世界的參考。

我第一次知道達爾文對婚姻的長考，是在幾年前讀到艾咪（Amy）和里昂・卡斯兩人所主編、討論愛情的精采文章選集《翅膀對翅膀，槳對槳：追求與結婚文集》

（*Wing to Wing, Oar to Oar: Readings on Courting and Marrying*）。安格妮絲・卡拉德刊登在《波士頓評論》（*Boston Review*）上的文章〈不要想太多〉（Don't Overthink It）帶我回到了達爾文那個兩難情境，並讓我在寫作本書時，思考到關於決策的議題。

A. J. 賈各布斯在《君子雜誌》（*Esquire*）的文章〈查爾斯・達爾文與如何拯救情人節〉（Charles Darwin and How to Fix Valentine's Day）也令我對達爾文有更深刻的了解，並帶給我很多樂趣。

關於達爾文和他婚姻旅程的可靠背景故事，出自他的自傳——可以在Darwin Online（darwin-online.org.uk）上找到（同時，也可以瀏覽達爾文的手稿，請搜尋「CUL-DAR210.8.2」）——以及達爾文來往書信計畫（Darwin Correspondence Project，darwinproject.ac.uk）。與他搭乘小獵犬號相關的資訊，出自《大英百科全書》（*Britannica*）中關於這趟旅程的文章：britannica.com/biography/Charles-Darwin/The-Beagle-voyage。

有關法蘭西斯・培根的背景故事出自達夫妮・杜・穆里埃（Daphne du Maurier）的《螺旋樓梯》（*The Winding Stair*）和約翰・亨利（John Henry）的《知識就是力量》（*Knowledge Is Power*）。

用特質指標來決定聘用哪位面試者的描述，出現在丹尼爾・康納曼的《快思慢想》（*Thinking, Fast and Slow*）。

伊莉莎白・史東關於生小孩決定的引文：「決定了是否讓你的心永遠在身體之外遊蕩。」的段落，被引用在一九八五年艾倫・坎塔羅（Ellen Cantarow）刊於《村聲》（*Village Voice*）的文章中，但當時沒有附上出處。《讀者文摘》（*Reader's Digest*）在一九八七年轉載這則引言，並認證坎塔羅是引用自伊莉莎白・史東的文字。我要感謝伊莉莎白・史東透過個人電子郵件，幫我確認這段歷史。

引用佩爾西・戴康尼斯的文字出自一場演講，後來演講內容以〈想太多的問題〉（The Problem of Thinking Too Much）為標題受到轉載。(statweb.stanford.edu/~cgates/PERSI/papers/thinking.pdf)。

本書的出發點，是我們對自己的決策有一定的掌控力，而且能夠設想如何做出理性抉擇。路卡．德亞娜的《控制的捷思法》（*The Control Heuristic*）探討了我們的腦是怎麼讓理性抉擇變困難的，以及我們可以掌握多一些控制的手段。

引用約翰．史都華．彌爾關於豬與哲學家的文字出自他的《功利主義》（*Utilitarianism*）。

保羅．布魯的《甜蜜點》（*The Sweet Spot*）提醒了我，痛苦中也含有美善，而我們不只在乎相對於快樂，自己受了多少痛苦——我們經驗痛苦與快樂的順序也很重要。我記不得從哪裡讀到那則關於學生把石頭帶到塔頂的故事。如果你知道來源的話，請寫電子郵件給我：russroberts@gmail.com。

羅傑．史庫頓（Roger Scruton）的《我們在何方》（*Where We Are*）以及我在「聊經濟」跟梅根．麥克亞德（Megan McArdle）討論這本書的過程，幫助我思考關於身分的核心定位。若想更了解亞當．斯密與《道德情操論》，可以讀我的《你可以自私自利，同時當個好人》（*How Adam Smith Can Change Your Life: An Unexpected*

Guide to Human Nature and Happiness）。

要了解有關潘妮洛普的難題更深入、有力的洞見，可以讀艾咪．卡斯的〈潘妮洛普的歸鄉行〉（The Homecoming of Penelope），該文收錄在《金蘋果在銀器裡：里昂．卡斯紀念文集》（*Apples of Gold in Pictures of Silver: Honoring the Work of Leon R. Kass*）。

湯馬斯．佛格森（Thomas Ferguson）刊登在《統計科學》（*Statistic Science* 4, no. 3 (August, 1989): 282– 89, 可以在jstor.org/stable/2245639 取得）的〈誰解開祕書問題〉（Who Solved the Secretary Problem?）對馬汀．賈德納在《美國科學人》提出的挑戰，有很出色且有趣的介紹。文中包含一段驚人的描述，是關於天文學家約翰尼斯．克普勒（Johannes Kepler）在太太因霍亂病逝後，如何花兩年時間有計畫地與十一名潛在結婚對象配對。克普勒要「理性」選擇下一任妻子的痛苦嘗試，生動刻畫出本書的主題。

我對於織裹屍布重要性的理解，來自於在「聊經濟」節目中訪問維吉尼亞．

波斯特勒（Virginia Postrel），討論她所寫的《文明的織品：紡織品如何創造世界》（*The Fabric of Civilization: How Textiles Made the World*）。

在維基百科「足夠滿意（Satisficing）」的條目中，討論了司馬賀看待最佳化的另類觀點，內有易讀的簡介。有勇氣的讀者，可以挑戰司馬賀介紹這個名詞的文章〈理性選擇和環境的結構〉（Rational Choice and the Structure of the Environment），該文收錄在一九五六年出版《心理學評論》第六十三卷第二期129-138頁。

「切斯特頓的柵欄」可以在G. K. 切斯特頓的《事物》（*The Thing*）裡找到。

第八章改編自我的文章〈我的人生故事〉（The Story of My Life），文章連結：https://link.medium.com/M6E1ze00ppb。

強納森・薩克斯拉比在他的文章〈愛的羈絆〉（The Bonds of Love）裡寫到合約和盟約的不同，你可在rabbisacks.org找到這篇文章。

阿里爾・魯賓斯坦對理性決策的看法出自他的《經濟寓言》（*Economic Fables*）書中前幾頁。

哈利・法蘭克福就人類欲望提出的見解出自一九七一年刊登在《哲學期刊》（*Journal of Philosophy*）的文章〈意志的自由和人的概念〉（Concept of a Person）。我在自己刊登於《Medium》的〈想要得到我們想要的〉（Wanting to Want What We Want）文章中，探討了我們對於欲望的欲望。引述法蘭克・奈特關於習慣形成的引述出自〈有計畫的行動：集體理性的可能與限制〉（The Planful Act: The Possibilities and Limitations of Collective Rationality），該文收錄在《自由與改革：經濟學與社會論文集》（*Freedom and Reform: Essays in Economics and Social Philosophy*）。引述奈特關於人類是有抱負而不只有渴望的生物，文字出自〈倫理與經濟學解釋〉（Ethics and the Economic Interpretations），該文收錄在一九二二年五月出版的《經濟學季刊》（*Quarterly Journal of Economics*）第三十六期454-481頁。引述詹姆斯・布坎南有關視自己為等待打造之物品的文字出自〈自然人與人造人〉（Natural and Artifactual Man），該文收錄在《經濟學家該怎麼做？》（*What Should Economists Do?*）。

艾略特・羅森版本的兩狗故事（有時候是兩狼故事）出自他一九九八年的書

《體驗靈魂》（*Experiencing the Soul*）。

對於比爾・比利奇克選秀策略的臆測，來自於我多年的觀察。我觀察他是如何選秀並透過季前訓練，組成正規球季的球員名單。

強納森・薩克斯拉比提到的挑戰：在我們真正去做之前，對事物一無所知。以上引述出自他的文章〈執行與傾聽〉（Doing and Hearing），可以在rabbisacks.org找到。

引述威廉・福克納關於「跟在你的角色身後，記錄下他的所言所行」的文字，出自他在一九五八年維吉尼亞大學研究生課程的授課內容（faulkner.lib.virginia.edu/display/wfaudio21）。

我對福樓拜是名頑固的修訂者的認識，出自凱斯・歐特利（Keith Oatley）和瑪加・喬奇克（Maja Djikic）命名適切的文章：〈寫作即思考〉（Writing as Thinking），該文收錄在二〇〇八年三月的《大眾心理學評論》。

伊莉莎白・畢曉普的詩〈一種藝術〉很容易在網路上找到；同時，也能看到各種有力的詮釋。可以去讀「Bluedragonfly10」網站上的〈一種藝術：伊莉莎白．畢曉普詩歌中的失落書寫〉（One Art: The Writing of Loss in Elizabeth Bishop's Poetry），作者是部落客Beth，我在第十一章也引用此文（bluedragonfly10.wordpress.com/2009/06/12/one-art-the-writing-of-loss-in-elizabeth-bishop's-poetry）。也可以讀德懷特．賈納（Dwight Garner）和帕羅．塞蓋爾（Parul Sehgal）的〈把苦痛轉換為藝術的十九行句子〉（19 Lines That Turn Anguish into Art）（nytimes.com/interactive/2021/06/18/books/elizabeth-bishop-one-art-poem.html）。

歐森．史考特．卡德就編輯對學習寫作之重要性的洞見，出自我到南維吉尼亞大學演講時，我們兩人的私人對話。他體貼地為我開給經濟系研究生的寫作與溝通課，提供自己的建議。

臉譜書房　FS0165

你可以不必理性，做出人生最好決定

一個經濟學家對人生難題的非經濟思考

Wild Problems: A Guide to the Decisions That Define Us

作　　者　路斯・羅伯茲（Russ Roberts）
譯　　者　余韋達
編輯總監　劉麗真
責任編輯　許舒涵
行銷企畫　陳彩玉、林詩玟
封面設計　廖韡
發 行 人　凃玉雲
出　　版　臉譜出版
　　　　　城邦文化事業股份有限公司
　　　　　台北市民生東路二段141號5樓
　　　　　電話：886-2-25007696　傳真：886-2-25001952
發　　行　英屬蓋曼群島商家庭傳媒股份有限公司城邦分公司
　　　　　台北市中山區民生東路二段141號11樓
　　　　　讀者服務專線：02-250077一八；25007719
　　　　　24小時傳真專線：02-25001990；25001991
　　　　　服務時間：週一至週五09:30-12:00；13:30-17:00
　　　　　劃撥帳號：19863813　戶名：書虫股份有限公司
　　　　　讀者服務信箱：service@readingclub.com.tw
　　　　　城邦網址：http://www.cite.com.tw
香港發行所　城邦（香港）出版集團有限公司
　　　　　香港灣仔駱克道193號東超商業中心1樓
　　　　　電話：852-25086231或25086217　傳真：852-25789337
馬新發行所　城邦（馬新）出版集團
　　　　　Cite（M）Sdn. Bhd.（458372U）
　　　　　41-3, Jalan Radin Anum, Bandar Baru Sri Petaling,
　　　　　57000 Kuala Lumpur, Malaysia.
　　　　　電話：+6(03)-90563833　傳真：+6(03)-90576622
　　　　　讀者服務信箱：services@cite.my

一版一刷　2023年6月

城邦讀書花園
www.cite.com.tw

ISBN 978-626-315-291-5

售價：NT$ 350

國家圖書館出版品預行編目資料

你可以不必理性，做出人生最好決定：一個經濟學家對人生難題的非經濟思考／路斯.羅伯茲(Russ Roberts)著；余韋達譯. -- 一版. -- 臺北市：臉譜，城邦文化出版；家庭傳媒城邦分公司發行, 2023.06
面；　公分. --（臉譜書房；FS0165）

譯自：Wild problems : a guide to the decisions that define us

ISBN 978-626-315-291-5（平裝）

1.CST: 決策管理 2.CST: 思考

176.45　　112005190